더 디퍼런스

특목고 간 선배들의 공부 스타일

더디퍼런스

특목고 간
선배들의
공부 스타일

초판 1쇄 발행 2015년 3월 2일

지은이 신성일
발행인 조상현
발행처 더디퍼런스

주소 서울시 마포구 마포대로 127, 304호
등록번호 제2014-000061호
문의 02-729-9988
팩스 02-6974-1237
이메일 thedifference@daum.net
홈페이지 www.thedifference.co.kr

독자 여러분의 소중한 원고를 기다리고 있습니다. 많은 투고 부탁드립니다.

ISBN 979-11-86217-07-8 (13370)

특목고 간 선배들의 공부 스타일

특목고생
인터뷰
수록

더디퍼런스

즐길 수 있다면, 공부는 나의 것!

지금은 게임을 즐겨하지 않지만 2~3년 전까지만 해도 필자는 레이싱 게임을 즐겨했다. 집중력이 떨어질 때 게임을 하면 집중력이 생겼다. 레이싱 게임 중에서 가장 기억에 남는 것은 리볼트다. 리볼트에는 터보, 물풍선, 미사일 폭죽, 폭탄 등의 아이템이 있다. 지금은 아이템이 없는 게임이 없을 정도로 게임에 아이템을 사용한다. 아이템이 얼마나 다양하고 내용성이 있고 흥미를 끄느냐에 따라 게임의 재미가 좌우될 정도다.

게임은 많은 학생을 사로잡는다. 그것은 게임이 재미있기 때문이다. 마찬가지로 공부도 게임처럼 즐겁게 하는 방법이 없을까? 필자는 이 문제를 10년 넘게 고민했다.

하지만 게임에 집중한다고 해서 모든 학생이 게임을 다 잘하는 것은 아니다. 약이 올라 끝까지 도전해서 목표까지 도달하는 학생도 있지만, 며칠 하다가 포기하고 다른 게임을 찾는 학생도 있다. 복잡한 아이템으로 이런저런 방법을 시도하며 게임을 주도하는 학생도 있는 반면에, 주어진 게임 자체에만 매달리거나 단순한 게임만 즐기는 학생도 있다. 게임도 스스로 상상하고 이해하면서 하는 학생이 더 잘한다. 또한 아이템의 사용법을 이해하고 전략을 세워 아이템을 적절하게 활용하는 학생이 결국 이기게 마련이다.

그런 면에서 공부도 게임과 다르지 않다. 아이템을 잘 이용해야 한다. 자신의 생각을 읽으면서 공부하는 학생이 성적이 좋다. 내게 필요한 아이템이 무엇이고, 어떻게 이용해야 할지를 정하는 것은 순전히 내 몫이다. 예습에 필요한 아이템이 무엇이고, 수업에 필요한 아이템은 무엇인지 적어보자. 이 책에서는 예습에 필요한 아이템을 '목차 이해'와 '개념 익히기'로, 수업에 필요한 아이템을 '주파수 맞추기'와 '선생님께 질문하기'로 정리했다.

그렇다면 복습에 필요한 것은 무엇인가? 국어와 수학에 사용하는 아이템은 무엇인가? 이런 질문에 답을 할 수 없다면 가짜 공부를 하고 있는 셈이다.

적절한 아이템을 가지고 그것을 선택하거나 빼는 것은 물론 수정할 수 있는 공부가 진짜 공부다. 지금까지 가짜 공부를 했다면 지금 당장 아이템부터 생각해보자. 공부를 시작하기 전 아이템을 치밀하게 구성해야 한다. 여러분이 잘 아는 마인드 맵 형식으로 구성해 보라. 그런 다음 노트정리도 하고 두뇌를 활용한 공부도 하는 것이다. 이것이 올바른 순서다.

이 책은 고부가가치 공부 아이템을 제공한다. 성적을 쑥쑥 올리는 공부법도 제시하고, 두뇌를 깨워 공부의 효율성을 높이는 법도 강조했다. 이 책을 잘 활용해 모든 학생들이 원하는 목표를 이루기를 바란다.

신성일

contents

contents

특목고 입성에 성공한 학생의 공부법

특목고에 간 학생이 공부를 대하는 자세
'예습 → 수업 → 복습', 최상의 시나리오
점수를 올리는 시험 준비 노하우

01
특목고에 간 학생이 공부를 대하는 자세

특목고에 간 학생 및 우수한 학생과 그렇지 않은 학생의 차이는 무엇일까? 그것은 목표의 설정과 계획의 유무이다. 특히 특목고에 간 학생들은 예외 없이 예습과 복습은 물론 중간고사, 기말고사, 수행평가의 목표와 계획을 철저하게 세운다. 이른 시기에 이미 특목고라는 목표를 세운 것이 그들에게는 일반 학생들과는 다른 마음가짐을 갖게 해준다. 이처럼 특목고를 지망하는 학생들은 목표가 있기에 하기 싫어도 어떻게든 멈추지 않고 앞으로 달려간다는 데에 그 특징이 있다. 그만큼 목표에 대한 열정이 있다.

이에 반해 성적이 떨어지는 학생은 목표를 짐처럼 버거워한다. '가도 그만, 안 가도 그만'이라는 생각으로 그냥 주저앉기 일쑤이다. 목표도 없이 무작정 걷는 것처럼 무의미한 일은 없다. 이처럼 두 그룹의 차이는 목표를 대하는 태도에서 확연히 드러난다.

특목고에 입학한 학생들은 목표를 시각화한다. 목표 리스트를 만든 후 확인하고 시간을 통제하면서 자신을 관리한다. 이 학생들은 공부도 하나의 경영이라고 생각한다. 경영을 잘하면 좋은 결과가 나오고, 경영을 잘 못하면 실패한다는 것을 안다.

그럼, 공부를 잘 경영한다는 것은 무슨 말인가? 이것은 공부의 스케줄 관리를 잘한다는 의미이다. 이것이 바로 두뇌가 작용하는 원리를 활용한 공부법이다. 특목고에 간 학생들은 각자 나름대로 학습카드를 작성해서 공부에 활용했다.

이 책에서는 '학습순서카드'라는 말을 사용했는데, 학습스케줄, 학습진도표, 학습계획표, 나의 학습목표 등 어떤 용어를 사용해도 마찬가지이다. 학습순서카드를 작성할 때 다음과 같은 두뇌원리를 이용하면 효과가 더욱 좋다.

첫째, 사람의 뇌는 처음 공부한 내용과 마지막 내용을 잘 기억하는 성향이 있다. 이런 학습 원리에 따라 시간표를 작성할 때 중요한 과목을 맨앞과 맨뒤에 배치한다.

둘째, 유사한 과목을 연달아 공부하지 않는다. 예를 들어 텔레비전을 볼 때 유사한 드라마 세 개를 연달아 보면 내용이 헷갈린다. 마찬가지로 유사한 과목을 연달아 공부하는 것은 효과가 떨어진다. 예컨대 수학 다음에 물리를 공부하고 그 다음에 생물을 공부하는 것은 학습효과 면에서 좋지 않다. 따라서 학습시간표를 작성할 때 성격이 다른 과목을 배열해서 공부하자. 또한 한 과목을 몇 시간씩 붙들고 있는 것도 효율성이 떨어진다.

학습순서카드를 작성할 때는 세 가지 순서에 따른다. 일단 연습장에 적어보고 학습카드로 옮긴다. 그런 다음 익숙해지면 연습장에 적는 대신 머릿속으로 생각하고 바로 학습순서카드에 적으면 된다.

첫째, 자신이 오늘 공부할 총 시간을 계산한다. 여기에는 학교 수업 시간과 학원 수업 시간을 넣지 않는다. 오로지 자기 스스로 공부할 시간만 계산한다.

둘째, 총 시간 속에서 과목별 분량과 시간을 분배한다. 예를 들면 수학 문제풀이 1시간, 국어 읽기 40분, 과학 3단원의 1)과 2) 1시간 등등이다.

셋째, 순서를 정해서 실천한다.

학습순서카드 작성 방법

N	오늘의 학습		Date : 2015. 3. 12
N	오늘의 학습	목표량	○
		시간 관리	×
1	수학 수업일기 유리수와 소수	노트 정리, 문제 풀이	○
		30분(10분 초과)	
2	역사 수업일기 선사시대의 생활	노트 정리	○
		20분	
3	영어 수업일기 A Story of Two Seeds	노트 정리	○
		30분	
4	과학 수업일기 운동의 기술	노트 정리	○
		20분	
5	독서 청소년을 위한 세계사(서양편)	40쪽 → 70쪽	○
		30분(40분)	
6	수학 예습 유리수와 순환소수	교과서 p13~20	○
		30분	
7	영어 어휘, 독해 중학 영단어, 리딩 튜터	어휘 – 2장 독해 – 2장	○
		1시간	

학습순서카드는 각자의 취향과 스타일에 맞추어 사용하면 된다. 구체적인 작성 요령을 살펴보자.

① 날짜를 쓰고, '오늘의 학습'에는 오늘 학습할 목록을 적는다. 공부 과목과 단원의 제목을 적으면 된다.

② 수업일기를 적을 때 제목은 기억을 더듬어서 적은 후 나중에 교과서를 보고 확인한다. 틀렸더라도 지우지 말고 옆에 정확한 제목을 적는다.

③ '목표량'에는 숫자를 사용해 목표를 구체적으로 적는다.

④ 하루 공부를 마친 다음에 목표를 달성했으면 ○를, 달성하지 못했으면 ×를 표시한다.

⑤ 수업이 없는 토요일과 일요일에도 학습순서카드를 작성하는 습관을 들인다.

학습순서카드를 이렇게 매일 작성하다 보면, 차츰 자신의 시간당 평균 학습량을 체크할 수 있고, 그렇게 되면 시간 또한 더 정밀하게 관리할 수 있다.

하지만 이성적인 학생은 괜찮지만 감성적인 측면이 많은 학생은 신경을 써야 한다. 보통 감성적인 학생은 이성적인 학생보다 시간 개념 자체가 부족하다. 이런 학생은 분 단위까지 시간을 관리하면서 학습순서카드에 구체적인 시간을 적으며 학습량과 목표량을 체크해야 한다.

　수학 문제 서너 개를 푸는 데 습관적으로 몇 시간씩 소비한다면 그것은 분명 문제가 있다. 이렇게 세월아 네월아 시간을 끄는 학생은 시험을 볼 때도 뒷부분의 문제는 아예 풀어보지도 못하고 시험을 끝내기 쉽다. 시간 안에 끝내지 못하면 푼 문제를 다 맞혀도 소용없다. 시간 개념이 부족한 학생은 할 수 있는 시간을 적어놓고, 완료 후의 시간도 반드시 옆에 기록해야 한다.

학습순서카드 작성이 진짜 중요한 이유

학습순서카드는 공부를 시작하기 전에 목표를 세우면서 작성하는 것을 원칙으로 한다. 그렇지 못한 경우에는 공부를 마친 다음에 무엇을 얼마나 했는지 회상하면서 기록해 두자. 학습 계획을 세우고, 수정하고, 부족한 부분을 채워나가는 것은 공부를 잘하고 싶은 학생이라면 반드시 치러야 하는 수고이다.

02

'예습 → 수업 → 복습'
최상의 시나리오

(1) 예습은 개념 파악에 주력하자

공부할 때 가장 중요한 것은 무엇일까?

이런 질문을 해 보면, 상위권 이상의 학생과 중위권 학생, 그리고 하위권 학생들의 대답이 각각 달랐다.

하위권 학생들은 무엇이 중요한지 잘 모른다고 하거나 답변을 미루었다. 그만큼 평소 공부에 대해 생각을 하지 않는다는 증거이다. 중위권 학생은 '복습'이라고 얘기하는 경우가 많았다. 한편, 상위권 이상 학생들은 '이해'라고 말했다. 그만큼 수업을 들을 때나 복습할 때나 이해하는 것이 중요하다는 얘기다. 이 학생들은 학습 내용을 제대로 이해해야지 두뇌에 잘 입력된다는 사실을 알고 있었다.

상위권 이상 학생들은 이해하기 위해서 어떻게 하느냐는 질문에 과반수 이상이 '수업'에 집중한다고 답했다. 예습과 복습도 중요하지만 수업이 가장 중요하고 수업을 통해 이해력을 높인다는 전략이다. 복습을 하면서 수업 내용을 확인하고, 이해가 어려운 부분은 반복하고 질문을 통해 해결하는 방식이다.

특목고를 준비하는 학생들을 기준으로 해서 예습 방법부터 살펴보자.

첫째, 예습은 세부 사항까지 자세히 하지 말고 전체를 확인한다. 단원의 학습목표와 목차를 통해 개요를 파악하자. 예습하면서 부분에만 매달리면 시간도 빼앗기고, 자칫 수업에 흥미를 잃을 수도 있다. 다 알고 가면 수업이 재미없다. 우선, '아, 이런 내용이구나.' 정도만 파악하자.

둘째, 수업할 내용의 대략적인 개념을 이해한다. 수학을 예로 들면 함수의 개념과 아울러 함수값이 무엇인지, 좌표, 함수의 그래프 등의 이해를 머릿속에 정리하는 것이다. 읽는 단원에 등장하는 핵심어를 기억하자. 그 핵심어가 곧 개념이라는 사실을 알아야 한다. 이때 눈으로만 읽지 말고 핵심어에 박스나 밑줄을 그어 놓고 수업과 복습할 때 기억을 상기할 수 있어야 한다.

이해가 안 되는 내용은 애써 끝까지 알려고 하지 말고, 교과서에 밑줄을 그어 놓는다. 그리고 물음표를 표시해 수업 시간에 집중해서 듣는다. 다시 강조하지만 이해가 안 가는 내용을 자습서나 문제집을 참고해서 끝까지 이해하려고 하는 것은 예습하는 단계에서는 비효율적이다. 수업 시간과 복습을 통해 반복하면서 이해하는 것이 기억에 오래 남는다.

　　예습하는 데 너무 오랜 시간을 허비하지 말고 알차게 15분에서 20분 사이에 한 과목을 끝내는 것이 효과적이다. 특목고를 준비하는 학생들은 이런 능동적인 태도를 갖추고 있고, 높은 성적도 유지할 수 있다.

색펜 사용법

두뇌는 흑백보다는 컬러를 좋아한다. 교과서나 노트에 사용할 때는 일정한 규칙을 가지고 사용하면 좋다. 디자인을 하면서 정리하면 두뇌의 감각 능력도 좋아진다.

빨간펜 : 가장 핵심이 되는 단어에 박스를 치거나 밑줄을 그을 때 사용

파란펜 or 녹색펜 : 눈에 띄는 내용을 정리할 때 사용

형광펜 or 색연필 : 강조할 내용에 칠한다.

〈예습에 필요한 아이템〉

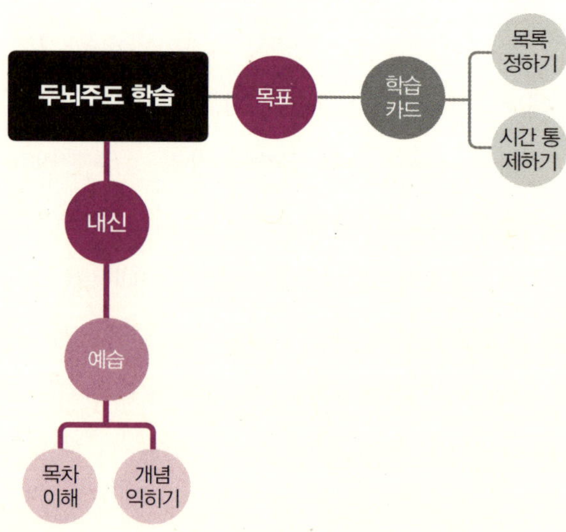

(2) 수업할 때 주파수를 맞춰라

수업할 때 가장 중요한 것은 선생님과의 교감이다. 즉 선생님이 교실에 들어와서 나갈 때까지 선생님과 하나가 되는 것이 중요하다는 뜻이다. 라디오도 주파수가 맞아야지 음질이 좋은 것처럼 수업도 마찬가지이다. 선생님과 주파수가 맞지 않은데 수업 내용이 제대로 귀에 들어올 리 없다. 선생님과 주파수를 맞추어 수업에 집중하면 성적은 자연히 오르게 되어 있다.

이것을 증명하는 것이 '저절로 이루어지는 회복' 기능이다. 집중해서 열심히 공부했던 정보는 사라지지 않고 머릿속에 있다가 우리가 원할 때 회복되곤 한다. 대부분 이런 경험이 한번쯤 있을 것이다. 어려운 문제를 풀거나 무언가를 생각해낼 때 "아, 맞아. 그거야." 하면서 문득 떠오른 경험 말이다. 이런 기쁨은 과거의 노력이 쌓여서 나타나는 것이다.

수업 시간에 선생님과 주파수를 맞추면 선생님이 강조하는 내용을 쉽게 포착할 수 있다. 선생님은 중요하고 시험에 나올 내용을 수업을 통해 어떤 식으로든 강조한다. 필자 역시 18년 동안 공부하고 10년을 넘게 학생을 가르치면서 이것을 경험했다. 선생님이 강조한 내용은 교과서에 메모했다가 복습하면서 자습서나 유인물을 통해 반드시 보충정리 해야 한다.

선생님이 판서해준 내용이나 설명을 받아쓰는 경우에는 노트에 필기하고, 대체로 선생님의 수업 내용은 교과서에 필기하는 것이 바람직하다. 선생님의 설명을 교과서에 모두 필기하는 것이 버거우면 연습장에 적어 두었다가 집에 와서 교과서나 노트로 겹치지 않게 옮겨 놓으면 된다.

　예습하면서 잘 이해가 되지 않았던 내용은 집중해서 듣고 그래도 잘 이해가 되지 않거나 선생님이 관련 내용에 대해 설명해 주지 않으면 반드시 질문을 해서 이해해야 한다.

<수업에 필요한 아이템>

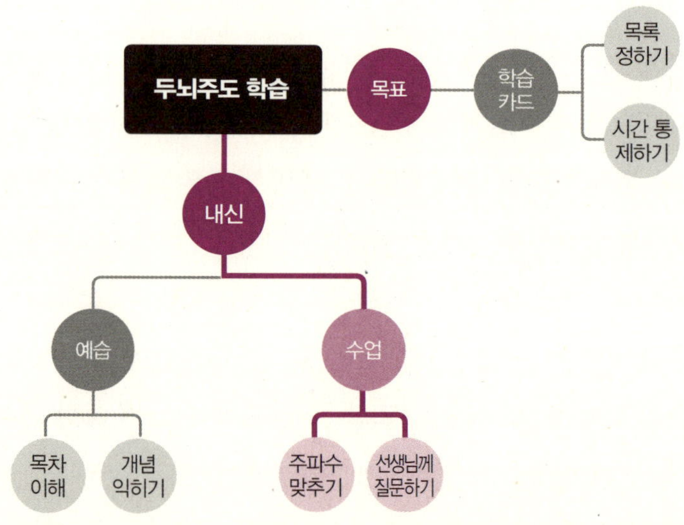

(3) 복습은 수업일기로 다져라

　나의 공부두뇌 능력은 어떤지 잠깐 테스트해 보자. 매일 습관처럼 다음과 같은 질문을 던짐으로써 나의 기억률을 높일 수 있다.

- ▶ 국어 2단원의 작품 제목을 기억할 수 있는가?
- ▶ 오늘 1교시 수업에서 선생님의 옷차림과 옷 색깔이 기억나는가?
- ▶ 오늘 과학수업 시간에 배운 주요 개념은 무엇인가?
- ▶ 어제 푼 수학 문제 중에서 어떤 문제가 틀렸거나 까다로웠는지 기억하는가?

　공부를 잘하는 학생은 기억률이 높다. 바꾸어 말하면 기억률을 높여야 원하는 목표를 달성할 수 있다는 얘기이다. 그러면 어떻게 해야 기억률이 높아질까? 과거의 학습을 자주 회상할수록 두뇌가 개발되면서 기억률이 높아진다. 그런 면에서 복습은 예습과 수업을 통해 이루어진 학습을 완벽히 내 것으로 만드는 작업이다. 복습할 때 불필요한 간섭은 망각의 주요 원인이 된다. 그렇기 때문에 간섭을 최소화 하는 것이 현명한 공부법이다. 상위권과 하위권 학생들은 여기에서도 뚜렷한 차이를 보인다. 일정 학습량에 집중하지 못하는 것은 어떤 간섭을 받기 때문이다. 그것은 목표의식, 집중력 부족, 산만함, 유혹, 게으름 등이 될 수 있다. 특목고에 합격한 학생들은 간섭을 최소화하면서 공부했다. 어떤 상황에서든지 집중해서 공부하는 것이 가장 중요하다.

주변이 시끄럽거나 어질러진 장소 등 사소한 이유로 공부에 집중을 잘 못하는 학생들은 무작정 책상 앞에 앉아 스트레스 받지 말고, 자신이 집중하기 좋은 장소나 시간대를 생각하자.

중·하위권 학생들은 공부를 계획하면서 집중시간대를 의도적으로 만들자. 미리 시간을 정하고 정한 시간에 집중하는 훈련을 하거나, 목표를 정하고 공부에 전념하는 습관을 들이면 된다. 새벽이든, 아침이든, 오후의 어느 시간이든, 밤중이든 각자 공부가 잘되는 시간대가 있다. 그 시간을 찾아 중요 과목을 집중적으로 공부하는 것이 능률적이다.

이제, 복습은 어떻게 해야 하는지 알아보자.

① 복습은 오늘 배운 과목을 중심으로

오늘 수업이 1교시 영어에서는 조동사, 2교시 생물에서는 진화, 3교시 역사에서는 삼국의 문화, 4교시 체육으로 진행되었다면, 복습은 오늘 배운 내용을 중심으로 해야 한다. 복습할 때 엉뚱하게 영어의 시제를 공부하거나 그날 배우지 않은 물리나 사회를 공부하면 두뇌에 제대로 정리가 안 된다. 이런 내용들은 복습을 완벽하게 마쳤을 때, 즉 시간이 남을 때 하는 것이다. 그런데 많은 학생이 오늘 배우지 않은 과목의 복습에 치중하느라 두뇌를 혼란스럽게 한다.

학생들이 복습하면서 저지르는 실수 중의 하나는 영어와 수학에 치중하다가 다른 과목을 소홀히 한다는 것이다. 매일의 학습은 영어와 수학이 주가 되는 것이 맞다. 그렇다고 다른 과목을 등한시해서는 안 된다. 최소한 영어, 수학 외의 수업 내용을 한 번은 제대로 복습하고 주말에 다시 확인하는 습관을 들여야 전체 점수를 고르게 유지할 수 있다. 그렇게 해야 시험 볼 때 부담도 훨씬 줄어든다.

② 수업일기를 쓰자

1920년대 캐서린 콕스는 뉴턴, 토머스 제퍼슨, 바흐, 레오나르도 다빈치, 에디슨 등 역사상 위대한 300명의 공통점을 연구했다. 콕스는 우수한 두뇌, 재능, 환경 등 가능한 데이터를 총동원해서 이론을 세웠다. 그러나 이러한 것들을 공통점이라고 하기에는 설득력이 부족했다. 그러던 어느 날 콕스는 결국 이들의 공통점을 발견했다. 그것은 바로 '메모, 작문, 일기'로 대표되는 글쓰기였다. 이들은 모두 기록을 남기는 것을 좋아했다. 자신의 생활과 연구를 철저히 글로 남기고, 타인에게 빼는 편지에는 뛰어난 문장력을 발휘했다. 이것은 그들의 직업과는 상관이 없었다. 철학자든, 정치가든, 예술가든 모두 마찬가지였다. 에디슨은 사망할 때까지 300만 장의 기록을 남겼고, 다빈치도 다방면의 분야에서 방대한 양의 기록을 남겼다.

글쓰기는 복잡한 생각을 논리적으로 정리하는 데 도움을 준다. 수많은 글과 기록을 남긴 위대한 인물들 역시 글쓰기를 통해 자신의 능력을 한층 더 끌어올렸다. 그렇다면 학생은 수업일기를 쓰는 것이 어떨까? 수업일기란 우리가 흔히 쓰는 일기를 학습과 관련된 내용으로 채운다고 생각하면 이해하기 쉽다.

수업일기는 영화를 보듯 이미지로 떠올리면서 적는 습관을 들여보자. 복습할 때 학교에서 수업하는 장면을 떠올리면서 일기로 적어보자. 처음에는 무리하게 모든 과목을 다 하지 말고 부족하거나 중요한 과목 위주로 한다. 수업일기를 쓴다고 수업 시간의 모든 내용을 기억해서 쓰는 것은 사실상 불가능하다. 따라서 핵심적인 내용을 위주로 쓴다. 수업일기를 쓸 때 기억에 의존해서 쓰고, 다 쓰고 난 다음에 교과서나 노트를 보고 보충해서 적어 놓으면 복습효과가 커진다.

수업일기를 꾸준히 쓰면 두 가지 중요한 효과를 볼 수 있다.

첫째, 복습도 하면서 기억률을 저절로 높일 수 있다. 둘째, 서술형 문제의 기본을 다질 수 있다. 수업 내용을 글로 적는 훈련을 하다 보면 문장력이 좋아져 서술형 문제에 대한 적응력을 높일 수 있다. 습관이 안 돼 처음에는 몇 문장 못 적을 수 있다. 의지를 가지고 자주 공부 내용을 떠올리면서 조금씩 쓰다보면 갈수록 쓸 내용이 많아질 것이다.

복습할 때 원칙 한 가지 더

배운 내용을 계속 눈으로 익혀라!

예를 들어 오늘 학습한 내용을 복습할 때는 어제까지 공부한 내용도 전체적으로 다시 봐야 한다. 그렇게 하다 보면 일주일 째 되는 날은 6일까지의 내용을 훑어 보고 나서 오늘 내용을 복습하게 된다. 이런 식이라면 복습하는 양은 많아지지만 시간까지 늘어나지는 않는다. 속도가 붙어 학습량에 비해 시간을 훨씬 단축할 수 있기 때문이다.

수업이 없는 방학 때는 학원 수업 또는 EBS 방송(학교 수업과 마찬가지로 예습하라)을 수업일기로 대체하면 된다. 수업일기는 노트 한 페이지를 가로, 세로 혹은 위, 아래로 절반을 나누어 작성하면 된다.

수업일기 작성 시 회상 과정의 예

▶ 선생님이 교실에 들어오실 때 어떤 복장을 하고 있었으며 얼굴 표정은 어땠나?

▶ 수업을 시작하면서 오늘의 학습목표를 어떻게 제시하셨나?

▶ 수업 중에 특별하게 강조한 내용은 무엇이었나?

▶ 수업 분위기와 나의 수업 집중도는 어떠했나?

▶ 선생님은 수업 마무리를 어떻게 하셨나?

③ 복습할 때 단권화가 필요하다

예습, 수업, 복습별로 노트를 만들면 손도 많이 갈뿐더러 낭비가 심하다. 특목고생들은 노트에 정리하더라도 한권으로 모으는 경향이 강하다. 예습과 수업 내용은 교과서에 충실히 메모하고 노트는 필요한 과목만 정리하도록 하자. 가급적 교과서나 노트로 단권화하자.

교과서나 노트로 단권화할 때 여백이 부족한 경우는 어떻게 할까? 이럴 때는 '포스트-잇'을 활용하면 된다. '포스트-잇'에는 본문과 관련된 보충 내용을 적어 붙이면 도움이 된다. 요즘은 포스트-잇의 크기와 색깔이 다양하다. 화살표 포스트-잇, 지도 포스트-잇,

누드 포스트-잇 등 필요한 것을 골라 활용하자.

교과서에 포스트-잇 붙이는 기술도 필요하다. 한 페이지에 2~3장의 포스트-잇을 붙이는 경우라면 사방에 붙이지 말고 가로든, 세로든 보기 좋게 모아서 붙인다.

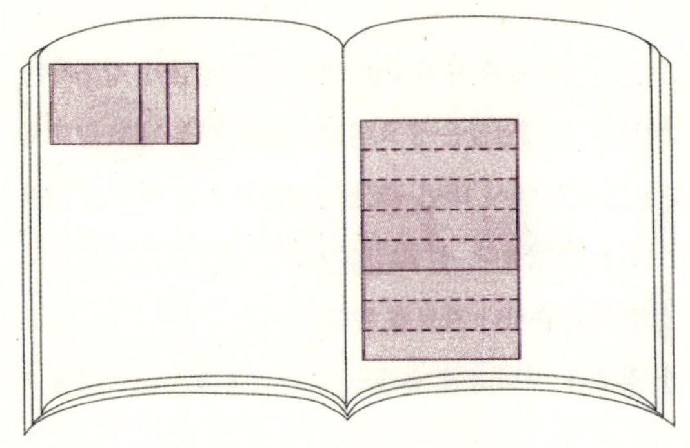

④ 복습에 마인드맵 정리를 도입해 보자

마인드맵을 모르는 학생은 없다. 하지만 그것을 꾸준히 활용하는 학생은 드물다. 마인드맵도 수업일기처럼 기억률을 높이는 데 큰 힘이 되는 학습법이다. 이제는 고등학교 1학년이 된 이은샘 학생은 중학생 때부터 주로 마인드맵을 활용해서 복습을 해왔다고 한다. 마인드맵은 만드는 재미도 쏠쏠하다 보니 기억에도 큰 도움이 되기 때문에 습관처럼 하고 있다고 한다. 친구들로부터 마인드맵의 고수라는 평가를 듣는 이은샘 학생의 마인드맵 자료를 몇 가지 보면 다음과 같다.

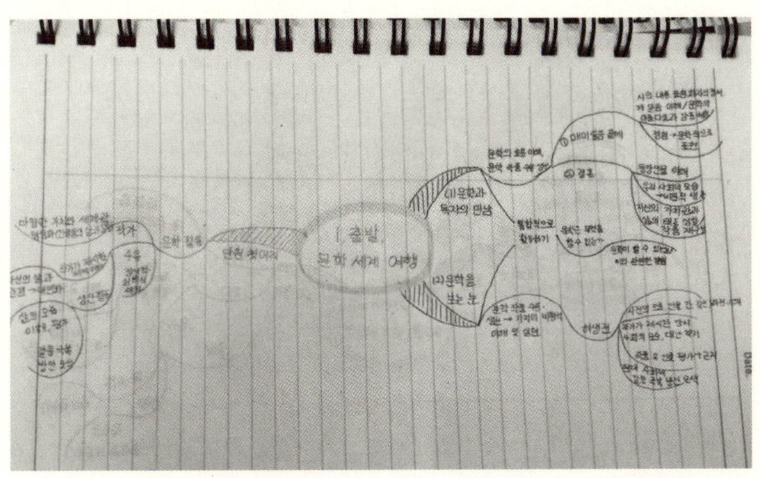

국어 '문학세계여행' 단원을 전체보기 한 것으로, 작품이나 인물의 세부적인 내용이 아니라 개괄적인 내용을 이해하기 위한 마인드맵

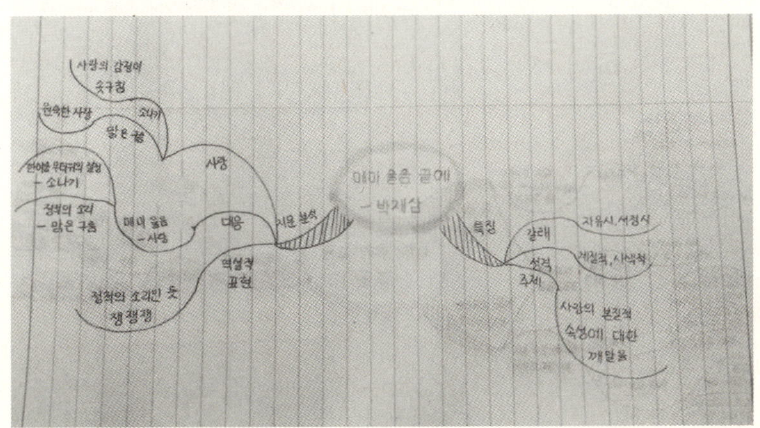

작품 '매미 울음 끝에'를 그린 마인드맵

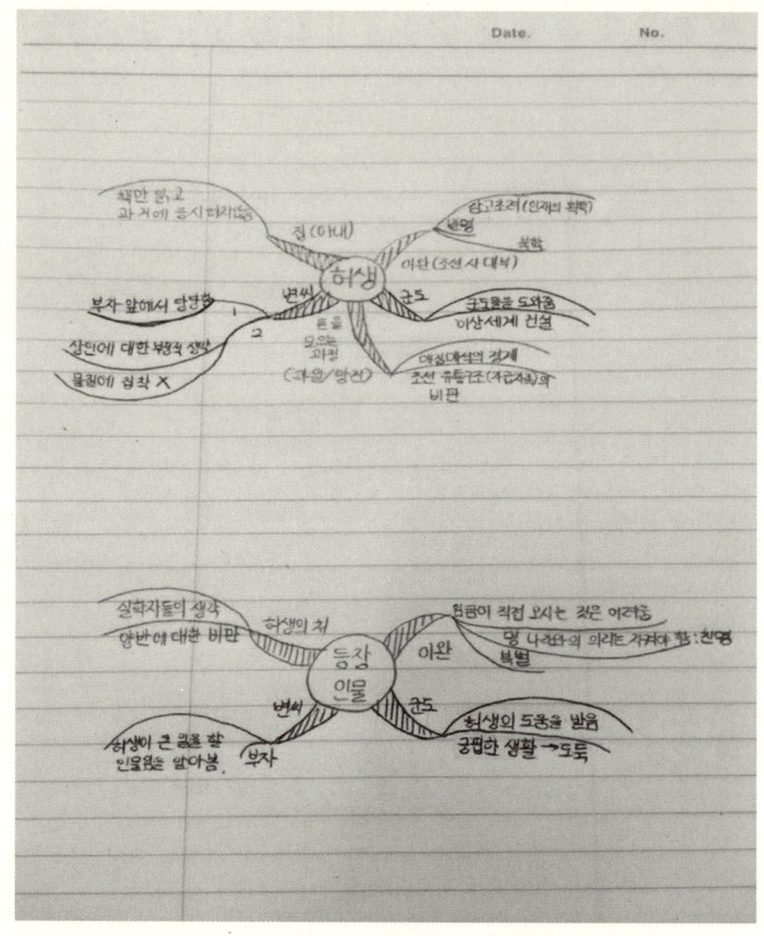

작품 '허생'과 더 나아가서 허생에 등장하는 인물들만 따로 정리한 마인드맵

이런 식으로 단원의 개괄은 물론, 특정 작품 및 그 작품의 세부 항목에 대해서도 마인드맵을 이용해 정리할 수 있다. 다른 과목도 이런 식으로 전체 내용과 주요 개념 부분으로 나누어 정리해 보도록 하자.

예를 들면 과학을 마인드맵으로 정리할 때, '여러 가지 힘' 단원을 정리한다고 하자. '여러 가지 힘'을 주제로 놓고 개략적으로 정리해 보자. 그런 다음에 복습이 진행되면서 구체적으로 '중력'을 마인드맵으로 정리하고 '전기력', '자기력', '마찰력', '탄성력'을 정리해 본다.

<복습에 필요한 아이템>

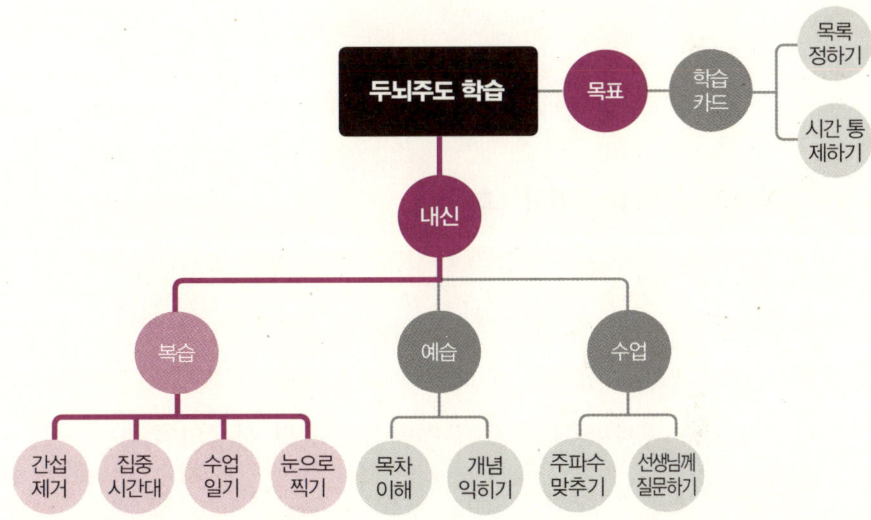

03

점수 올리는
시험 준비 노하우

(1) 각 과목의 프린트를 완벽히 소화하라

내신은 예습과 복습을 충실히 하고, 학교 수업만 잘 따라가면 어려울 것이 없다. 내신 관리를 잘하는 특별한 비법은 수업 시간에 선생님이 주는 프린트(유인물)를 완벽하게 소화하는 것이다. 학생이 가지고 있는 프린트 상태를 보는 것만으로도 그 학생의 학습 태도와 성적을 가늠할 수 있다.

각 과목 선생님들 중에 특히 국어, 사회, 역사, 과학 선생님이 프린트를 잘 준다. 보통 중심내용 정리를 비롯해서 빈칸 채우기 문제와 서술형 문제가 주를 이루는데, 이것은 꼭 풀어봐야 한다. 선생님이 주는 프린트는 그 선생님의 교육에 대한 정성이자 정말 중요한 내용임을 강조하고자 하는 또다른 표현이다. 따라서 프린트 내용은 내신과 직결된다고 봐도 된다. 사정이 이런데도 학생들은 프린트를 간과한다. 선생님이 나누어 주는 프린트는 외우다시피 반복해서 공부해야 한다.

프린트 보관 방법 또한 기술이다. 대개 교과서에 붙여놓는 학생이 많은데, 분량이 적으면 상관없다. 하지만 분량이 많으면 프린트마다 순서대로 번호를 매겨 철을 하거나 파일에 넣어 보관한다. 교과서에는 프린트의 쪽 번호를, 프린트에는 교과서의 쪽 번호를 표시한다. 그러면 나중에 페이지만 보고도 내용을 찾아갈 수 있다. 프린트의 중요성을 사례로 들어보겠다.

지도했던 학생 중에 전교 20등하는 중학교 2학년 승환이가 있었다. 승환이에게는 친하게 지내는 친구 진호가 있었다. 진호는 전교 10등 안에 드는 학생이었다. 두 명 모두 특목고를 목표로 하고 있었다. 승환이가 보기에 친구인 진호가 자기보다 특별히 더 노력하는 것 같지도 않은데 시험을 보면 자기보다 항상 우수해서 속상했다. 승환이는 진호를 따라잡고 싶은 오기가 생겼다. 그런데 아무리 봐도 수업태도나 평상시 공부하는 모습을 보면 별다른 차이점을 못 느꼈다. 어떻게 공부하느냐고 물어도 진호는 그냥 열심히 하는 것이라고만 말할 뿐이었다.

며칠 동안 진호를 관찰하던 승환이는 진호의 프린트를 보게 되었다. 진호는 수업 시간에 받은 프린트를 과목별로 말끔히 정리해 놓았다. 당연히 프린트에는 열심히 공부한 흔적이 역력했다. 개념 정리부터 문제풀이까지 말이다. 포스트잇에 메모해서 붙여놓은 것도 곳곳에 보였다. 승환이는 그동안 선생님이 준 프린트를 시간 날 때 한번 훑어보는 정도였다. 보충내용은 자습서나 문제집의 요점정리를 보면 된다고 생각했다. 그것이 실수였다. 그때 승환이는 진호가 왜 자신보다 성적이 좋은지 깨달았다.

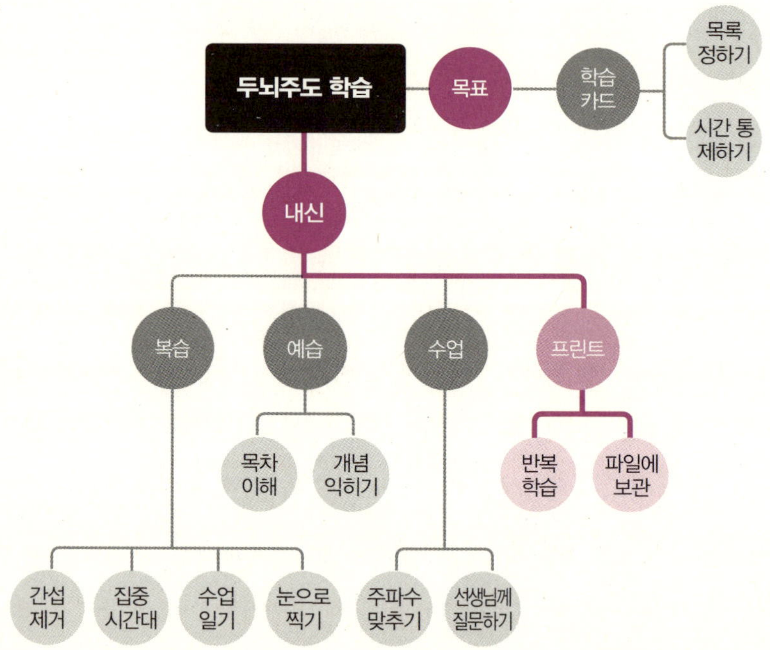

이처럼 나보다 뛰어난 학생의 공부법과 행동을 관찰함으로써 자신의 공부법에 변화를 시도해 보는 것도 성적을 올리는 계기가 될 수 있다. 이를 '대리학습' 또는 '모방학습'이라고 한다. 실제로 모방학습을 통해 자신의 공부 습관과 단점을 파악해서 학습능률을 올리는 사례는 많다. '왜 성적이 안 오를까' 고민하고 있다면 지금 당장 주변을 둘러보라.

(2) 시험 계획 일정을 구체화하고 마감효과를 이용하라

특목고 학생들은 시험 계획을 세우는 방법에서도 차이를 보였다. 한 달 전부터 시험을 준비하는 학생이 있는가 하면, 2~3주 전부터 시작하는 학생도 있었다. 아니면 평상시와 다르지 않게 공부하는 학생도 있었다. 이러한 기간의 차이는 불안의 차이가 아니라 꼼꼼함과 스피드의 차이였다. 꼼꼼한 학생이나 스피드가 빠른 학생이나 치밀한 전략을 세워 공부하기는 마찬가지였다. 시험 계획을 한 달로 잡았다면 이렇게 공부하자.

첫째 주	시험범위 예측, 시험범위까지 미리 예습, 교과서와 노트 충실히 공부
둘째 주~셋째 주	문제 풀이, 오답 확인
넷째 주	오답 반복학습을 통해 개념을 확실히 다짐 + 요점정리

시험계획을 2~3주 전부터 잡은 학생은 이렇게 공부하자.

첫째 주	교과서와 노트로 공부하면서 문제 풀이, 오답 확인
둘째 주 ~ 셋째 주	오답 반복학습을 통해 개념을 확실히 다짐 + 요점정리

시험 계획 일정을 세울 때 마감효과를 이용하면 학습효과를 높일 수 있다. 공부의 성과는 투입한 노력과 시간에 비례하지는 않는다. 학습량은 누구보다 많으나 성적이 못 미치는 학생을 많이 봤다. 그렇기에 전략적인 기술이 필요하다. 특목고생들은 이것을 잘 알고 있다.

공부는 마감이 임박할수록 능률이 오른다. 특별히 시험 불안증을 가진 학생이 아니라면 대부분 시험이 가까워지면 공부가 잘되는 법이다. 긴장감 속에서 학습하고, 중요한 것을 찾고 기억하면서 자연스럽게 공부가 된다. 이건 벼락치기와는 다르다. 평소에 공부를 착실히 했을 때 효과를 기대할 수 있다. 따라서 시험 전까지 컨디션을 잘 유지하는 것이 필요하다. 자칫 공든 탑을 무너뜨릴 수 있기 때문이다.

다음 주부터 시험이라고 하면 일일계획을 세울 때 기본적인 과목, 자신 있는 과목을 먼저 끝내고 어려운 과목을 나중에 배치한다. 어려운 과목을 처음부터 낑낑 메고 가다가는 다른 과목에도 영향을 미쳐 성적이 떨어질 수 있다. 또한 당장 내일이 시험이라면 자신 있는 과목을 끝내고, 부진한 과목을 나중에 하자.

〈시험 계획과 마감효과〉

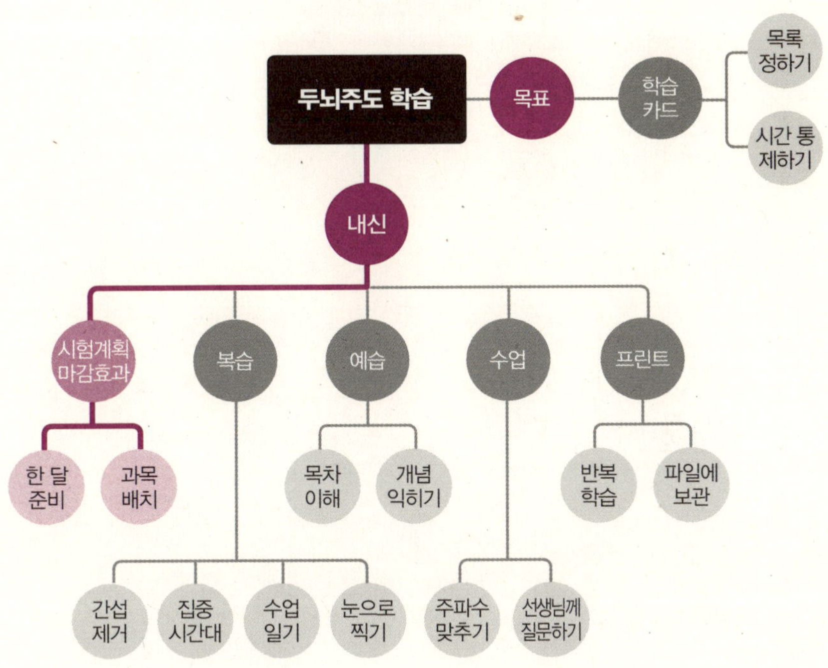
두뇌주도 학습
목표
학습
카드
목록
정하기
시간 통
제하기
내신
시험계획
마감효과
복습
예습
수업
프린트
한 달
준비
과목
배치
목차
이해
개념
익히기
반복
학습
파일에
보관
간섭
제거
집중
시간대
수업
일기
눈으로
찍기
주파수
맞추기
선생님께
질문하기

제2장

콕콕 짚어주는 과목별 공부 전략

국어_ 제대로 감상하고 추론하는 습관을 기르자
수학_ 개념을 이해하고 학습목표를 달성하자
영어_ 어휘, 문법, 에세이, 메모력, 작문, 예·복습 능력 향상 프로젝트
사회·역사_ 패턴학습으로 해결하자
과학_ 이미지 해석을 충실하게 하자
통합논술_ 독서를 많이 하고, 깊이 있게 생각하자

01
국어
제대로 감상하고
추론하는 습관을 기르자

국어는 다른 과목보다 훨씬 높은 이해력이 필요하기 때문에 까다롭다. 그러나 사실상 제시된 지문만 잘 이해하고 분석하는 능력을 갖추면 쉽게 답이 나오는 과목이기도 하다. 어찌 보면 암기와 응용으로 문제를 푸는 과학, 사회, 역사, 수학에 비해 더 쉽다. 국어를 어려워하는 것도 대부분 독해 능력이 부족하기 때문이다. 그럼, 독해 능력을 키우기 위해서는 어떻게 해야 할까?

독해를 잘하기 위해서는 일단 문학작품을 올바로 감상하는 능력을 길러야 한다. 그리고 기기에 탐정이 시건을 파헤치듯 추론 능력을 보탠다. 이런 능력을 기르려면 교과서를 읽을 때 단순히 줄거리를 생각하는 것이 아니라 단락의 요지와 중심문장을 잘 정리해야 한다. 즉 문단에서 중요한 내용과 중요하지 않는 내용을 잘 가려내기만 해도 국어 공부의 절반은 끝난 셈이다.

(1) 중심내용을 파악하라

국어 자습서를 보면 단락이 나뉘어 있고, 중심내용이 잘 설명되어 있다. 자습서에 나뉜 단락대로 교과서에 사선으로 단락 나누기 표시만 해둔다. 표시한 다음에는 교과서를 보고 빠르게 단락의 중심내용을 파악해서 교과서 여백에 적는다. 그러고 나서 자습서에 나온 중심내용과 비교한다. 중심내용이 많이 다른 것은 여백에 다시 정리한다. 작품 3~4개 정도를 꾸준히 훈련하면 중요한 정보를 쉽고 빠르게 찾아낼 수 있다. 이것이 독해 능력을 가장 빨리 끌어올리는 방법이다.

중심내용을 잘 찾으면 '매력적인 오답'을 피해갈 수 있다

국어 객관식 시험에서 문제를 풀다 보면 정답 같아 보이는 보기가 두세 개나 되는 경험을 해보았을 것이다. 특히 현대문의 주제나 요지를 고르는 문제에서 이처럼 헷갈리기 쉽다. 흔히 시험 문제를 출제하는 사람은 헷갈리는 보기를 의도적으로 제시한다. 이것을 '매력적인 오답'이라고 한다. 많은 학생들이 이 오답에 현혹되어 틀린 보기를 정답으로 고른다. 오답에 현혹되는 이유는 주관적으로 문제를 해석하기 때문이다. 이것이 바로 함정이다. 그래서 문제의 지문을 객관적으로 분석하고 논리적으로 판단해서 추리하는 능력이 필요하다. 중심내용만 잘 정리할 수 있어도 이 '매력적인 오답'을 피해갈 수 있다.

(2) 독해를 잘하려면 읽는 게 먼저다

 국어 독해를 잘하면 같은 언어 과목인 영어 독해에도 도움이 된다. 우선 국어 교과서에 실린 작품에 어떤 것이 있는지부터 살펴보자. 교과서에 나온 작품 정리는 필수다. 2009년 수능 언어영역에서는 중학교 국어 교과서에서 다룬『난장이가 쏘아올린 작은 공』,『박씨전』,『님의 침묵』등이 출제되었다.

 방학을 이용해서 중학교 교과서뿐 아니라 고등학교 교과서에 수록된 문학작품을 읽어두는 지혜도 필요하다. 어휘력이 풍부하고 독서습관이 갖추어져 있는 학생이라면 수능에 출제된 문학작품을 골라 읽는 것도 좋은 방법이다. 다소 어려울 수도 있으나 가볍게 읽으며 감상하는 능력을 키워두는 것도 국어 공부에 도움이 된다. 다음은 지난 3개년 동안 수능에 출제된 문학작품들이다.

		2013학년도	2014학년도	2015학년도
현대시		폭포(김수영) 살아있는 것은 흔들리면서 – 순례11(오규원) 내 마음의 고향6 – 소설(이시영)	낙화(이형기) 파초우(조지훈) 사평역에서(곽재구)	조찬(정지용) 고향 앞에서(오장환) 낡은 집(최두석)
현대소설		천변풍경(박태원)	난장이가 쏘아올린 작은 공(조세희) 소문의 벽(이청준)	무영탑(현진건)
수필		신록예찬(이양하)	권태(이상)	파초(이태준) 고도 순례 경주(현진건)
희곡				
고전시가		성산별곡(정철) 독자왕유희유오영(권섭)	천만리 머나먼 길에 ~ (왕방연) 청초 우거진 골에 ~ (임제) 흥망이 유수하니 ~ (원천석)	상사곡(박인로) 관동별곡(정철)
고전산문	고전설화			서석가탑 – 조선후기 설화
고전산문	고전소설		홍길동전(허균) 옥루몽(남영로)	소대성전 – 영웅소설 숙향전 – 애정소설
고전산문	고전수필		사소절(이덕무)	최익현 유한라산기 – 조선후기 기행수필

　　별도 노트를 준비해서 교과서 문학작품을 장르별로 표로 정리해
보자. 매 학년 방학 때마다 시, 소설, 수필만이라도 현대문학과 고
전문학으로 나누어 정리하면 나중에 좋은 자료가 될 것이다. 예를
들면 아래와 같은 방법이다.

문학작품 목록 (현대 문학 _ 시)

작품	작가	시대 (연도)	주제	특징	다른 작품	기타
성탄제	김종길	1969	아버지의 사랑 (순수한 혈육애)	서정적, 회상적, 시간적 과정 전개, 문명 비판적	고고, 설날 아침에, 하회에서	산수유 열매 = 아버지 사랑

문학작품 목록 (현대 문학 _ 소설)

작품	작가	시대 (연도)	주제	특징	다른 작품	기타
사랑방 손님과 어머니	주요섭	1935	전통 윤리와 현실의 사랑 사이에서 갈등	1인칭 관찰자 시점, 사실적 묘사	아네모네의 마담, 인력거꾼	동심의 눈으로 그려냄

작품	작가	시대 (연도)	주제	특징	다른 작품	기타
슬견설	이규보	13세기 초	생명이 있는 모든 것은 다 소중하다. 사물의 본질 을 제대로 파 악하자.	교훈적, 비유적, 풍자적, 기승전결	서사시 – 동 명왕편, 설화 – 국선 생전	『동국이상국 집』에 수록

　작품, 작가, 시대, 주제, 특징, 작가의 다른 작품, 보충내용 등을 정리한 다음에는 작품의 전체 내용을 읽어야 한다. 그런데 과연 모두 읽을 수 있을까? 시간이 부족할 것이다. 정독할 책은 정독하고 훑어볼 책은 대강 훑어보면서 요점을 정리하고 파악한다.

　그러나 선생님이 추천한 작품은 꼭 찾아서 무슨 내용인지 읽고 파악해야 한다. 문학작품을 읽을 때는 줄거리와 정서, 작가의 의도만큼은 이해하면서 읽자. 지문을 분석하는 능력도 뛰어나지 않으면서 이것을 게을리 하면 많은 양의 지문이 나오는 국어 독해 문제를 제시간에 풀기 어렵다.

(3) 국어 예습 : 전체 내용을 이해하라

국어는 다른 과목보다 예습이 필요하다. 국어를 효과적으로 예습하려면 다음의 순서를 따르자. 우선 단원의 앞부분(단원을 열며)을 파악한다. 이 단원에서 배우는 내용이 무엇인지 2~3쪽에 걸쳐 잘 요약되어 있다. '단원을 열며'에 나오는 내용을 잘 이해하고 설명할 수 있을 정도로 반복해서 읽는다. 그런 다음에 작품으로 들어간다. 작품마다 그 작품에서 꼭 알아야 할 학습목표를 제시하고 있다. 학습목표를 파악한 다음에는 작품을 읽는다. 읽으면서 문맥에서 어휘가 어떻게 쓰였는지, 어구는 어떤지 이해한다. 그리고 단락을 나누고 중심내용을 적는다.

교과서를 읽고 본문 전체 줄거리를 정리하는 연습도 하자. 또한 글의 종류와 작가의 의도, 주제, 느낀 점을 파악하는 것도 잊지 말자. 마지막으로 글의 구성(짜임)과 특징은 어떻게 되어 있는지 이해한다.

(4) 국어 복습 : 국어의 원리를 분석하라

복습할 때는 작품 내용을 제대로 이해하면서 구체적으로 국어의 원리를 파악해야 한다. 국어의 원리란 글의 종류와 수사법, 글의 서술방법, 문체, 문장성분 등을 말한다. 예를 들면 수사법의 경우, 은유법, 직유법, 의인법, 활유법, 대구법, 반복법, 대유법, 열거법 등을 말한다. 이러한 수사법은 그 개념과 사례 문장을 함께 정리해 놓아야 한다. 이런 원리는 생활국어에 나오는 국어의 기초지식인 맞춤

법과 띄어쓰기, 문장부호 등과 함께 미루지 말고 꼭 정리해야 한다.

이렇게 국어의 원리를 제대로 파악하게 되면 글쓰기 능력은 자연히 향상된다. 국어의 원리는 글을 쓰는 데 기본이므로 절대 소홀히 해서는 안 된다.

또한 작품 감상 이후에 나오는 학습활동, 즉 생각 모으기, 생각 펼치기, 어휘 학습, 단원을 맺으며 등도 꼼꼼히 풀고 정리한다. 교과서에서 '~말해보자, ~답해보자, ~생각해보자, ~판단해보자, ~정리해보자'로 된 부분도 꼭 해결하고 넘어가자.

(5) 고전문학 공부 : 능숙하게 현대어로 바꾸는 훈련을 하라

고전문학 시험에는 암기식 문제가 잘 나오지 않는다. 작품 제목과 작가 이름, 쓰인 연대나 시대를 묻는 단순한 문제는 제외된다. 본문의 속뜻과 정서를 파악하는 것이 무엇보다 중요하다.

영어 문제를 풀 때 영어를 우리말로 고치면 문제가 모두 풀리는 것처럼 고전문학도 마찬가지다. 본문을 제대로 해석하면 문제는 거의 다 풀린다. 따라서 작품의 내용을 현대어로 능숙하게 바꾸는 훈련을 하자.

　시와 소설을 문학작품이라고 하고, 사설과 설명문, 논설문 등을 비문학이라고 한다. 비문학 영역은 신문과 잡지를 꾸준히 읽으면 된다. 비문학을 잘하려면 내용을 줄이는 연습을 하면 좋다. 내용을 절반으로 줄이고 다시 절반으로 줄이는 방식이다. 그리고 궁극적으로 한 줄로 주제(주장)를 만들도록 훈련하면 큰 도움이 된다.

〈국어 공부 아이템〉

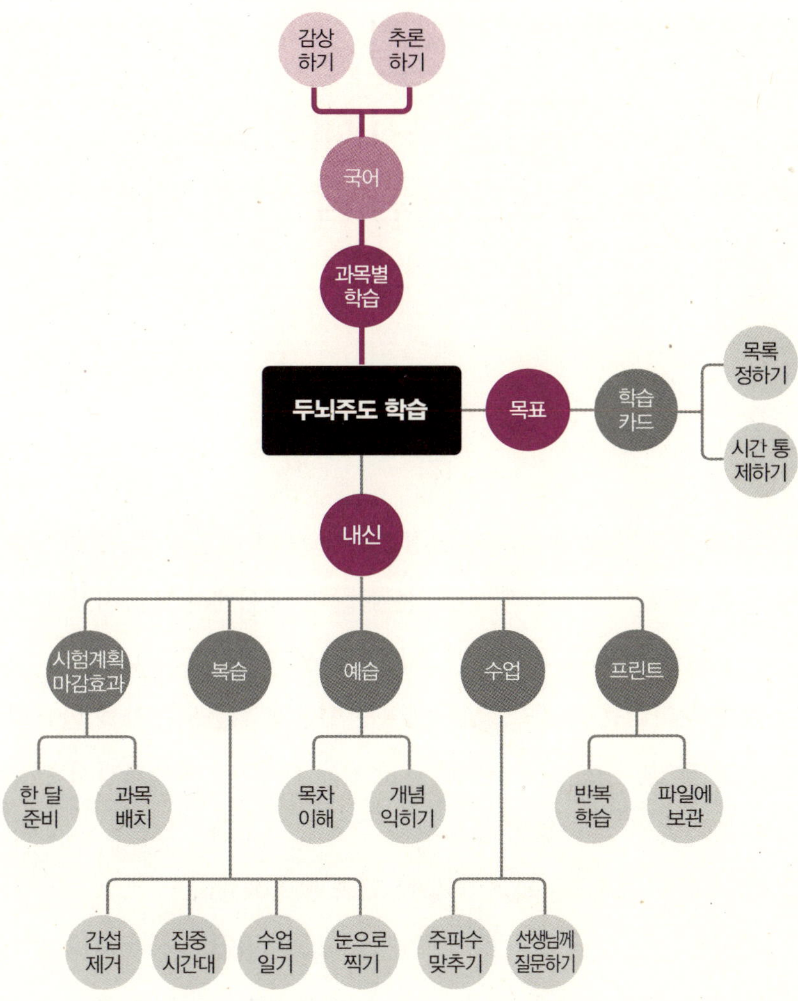

감상하기
추론하기
국어
과목별 학습
두뇌주도 학습
목표
학습 카드
목록 정하기
시간 통제하기
내신
시험계획 마감효과
복습
예습
수업
프린트
한 달 준비
과목 배치
목차 이해
개념 익히기
반복 학습
파일에 보관
간섭 제거
집중 시간대
수업 일기
눈으로 찍기
주파수 맞추기
선생님께 질문하기

02

수학

개념을 이해하고
학습목표를 달성하자

중1 수학 교과서가 스토리텔링 형식으로 바뀌면서 학생들은 좀 더 쉬운 수학을 접하게 되었다. 문제 풀이 중심에서 배경지식 중심으로 변화하고 수학 교과서에 실린 내용에 대한 기원이라든가, 그에 얽힌 일화라든가, 또 실생활에서는 어떻게 적용되는가를 학습할 수 있게 되었다. 〈수학 익힘책〉을 없애는 대신 〈수학〉 교과서 뒷부분에 부록 형태로 단원별 문제가 수준별로 나오며, '스포츠 + 수학' '역사 + 수학' 등 다른 과목과 융합 교과로 바뀌었다.

또한 종진 교과서 내용 중 집합, 십진법과 이진법, 심각형의 결정 조건, 원과 직선의 위치 관계, 원과 비례에 관한 성질, 명제와 증명 등은 개정 교과서에서 빠졌다. 새로운 교육과정에 따른 수학 공부법을 구체적으로 살펴보자.

(1) 틀린 문제를 풀고 또 풀자

초 · 중 · 고 수학 교과서의 목차를 펼쳐보자. 하나의 일관된 공통점이 보인다. 목차에 등장하는 용어들을 보면 크게 변동 없이 계단을 올라가듯이 한 칸 한 칸 나아가는 모습이다. 중학교 때 배운 내용을 고스란히 고등학교에 올라가서 깊게 다룬다.

수학은 일단 자신의 수준을 파악하는 것이 필요하다. 중2 학생이 초등학교 6학년 수준이 될 수도 있고, 선행학습을 해서 고1 또는 고2 수준이 될 수도 있다.

수학에서 내신이 80점 이하의 점수가 나온다면 현재의 수준에서 한 단계 또는 두 단계 밑의 문제집을 풀어야 한다. 이렇게 하지 않고 진도를 나가봐야 무의미하다. 공부하기 전에 우선 자기 수준을 정확히 체크하자. 개편된 수학 교과서 뒤에는 자신의 수준을 파악할 수 있는 수준별 문제를 실었으므로 적극적으로 활용해 보자.

점수가 80점이 안 되는 학생이나 넘는 학생이나 지금보다 수학을 잘하기 위하여 꼭 거쳐야 하는 과정이 있다. 80점이 안 되는 학생은 이 과정을 하지 않는다는 것이 문제고, 80~90점이 되는 학생은 조금 노력하다 만다는 것이 문제다.

수학 문제 중에서도 보는 순간 머릿속에서 식과 답이 물 흐르듯이 해결되는 문제가 있다. 이런 문제야말로 내 수준과 딱 맞는 문제다. 중요한 것은 틀린 문제다. 80점 이하의 학생들은 틀린 문제에 대해서 별로 고민하지 않는다. 답만 맞히는 수준이며 도대체 왜 틀렸는지 분석하지 않는다. 오답노트를 만들 생각을 하지 않는다.

　80~90점 정도의 학생들은 틀린 이유를 해결해 보려고 노력한다. 그리고 오답을 정답으로 고치면서 한번쯤 더 확인한다. 그리고 끝이다. 더 성적이 오르지 않는 궁극적인 이유가 여기에 있다. 틀린 문제를 확인하고 당시에 이해했다 하더라도 며칠이 지나서 다시 풀면 잘 풀리지 않는 문제가 더러 있다. 이런 경험을 대다수의 학생들이 한다.

　틀린 문제를 보았을 때 머릿속에서 물 흐르듯이 풀려야 똑같은 실수를 반복하지 않는다. 틀린 문제가 술술 풀릴 때까지 매일 보고 또 보아야 그것이 성적으로 연결된다. 이러한 노력을 하지 않으면 유명 학원에 다니거나 문제집을 몇 권씩 풀더라도 성적은 절대 오르지 않는다. 좀 더 구체적으로 수학 공부법을 알아보자.

(2) 1단계 : 기본 개념 정리

　개편된 수학 교과서는 개념과 공식, 원리를 이해하는 과정을 중시한다. 수학은 기본 개념을 이해하지 못하면 결코 실력을 향상시킬 수 없기 때문이다. 수학은 수학적 약속을 기호로 표현한 학문이다. 수학의 언어는 전 세계 공통이라는 짐을 생각하면 이해하기 쉽다.

　수학 교과서의 차례와 본문에는 수학의 기본 개념이 나열되어 있으므로 교과서를 꼼꼼히 정리하는 것이 중요하다. 또한 생활 속에서 수학과 연관된 것을 찾는 습관이 필요하다. 액자를 보고 다각형을 떠올리고 풍력발전기를 보면서 원이나 부채꼴과 관련된 공식을 떠올리는 식이다. 이렇게 수학을 생활화하면 수학이 어렵고 지겨운 과목이 아니라 친근하고 실용적인 학문으로 다가와 수학에 재미를 느끼게 된다.

(3) 2단계 : 학습목표 달성하기

수학 교과서의 학습목표에는 반드시 익혀야 할 주요 개념이 들어 있다. 이 개념부터 확실히 이해하고 스스로 설명할 수 있어야 한다. 천재교육 교과서 1학년 Ⅰ단원 '소인수분해'의 학습목표가 '거듭제곱의 뜻을 안다', '소수와 합성수란 무엇일까?'라고 씌어 있다면 그 단원을 공부한 후에는 다음과 같이 정리하고 다른 사람에게도 설명할 수 있어야 한다.

거듭제곱 : 같은 수나 문자를 여러 번 곱한 것을 간단히 나타내는 것을 뜻함.
ex) $2 \times 2 \times 2 = 2^3$ → 이때 2는 밑, 3은 지수라고 함

소수 : 1보다 큰 자연수 중에서 1과 자기 자신만을 약수로 가지는 수.
ex) 2, 3, 5, 7

합성수 : 1과 자기 자신 이외의 수를 약수로 가지는 자연수.
ex) 4, 6, 8, 9

이처럼 '거듭제곱의 뜻을 안다'라는 간단한 학습목표를 거듭제곱의 뜻부터 표현하는 방법까지 일목요연하게 정리할 수 있다면 제대로 공부한 것이다. 소수와 합성수도 마찬가지이다.

(4) 3단계 : 틀린 문제의 유형 정리

개편된 수학 교과서에서는 문제를 해결하기 위해 다양한 접근법을 쓰도록 유도한다. 교과서와 문제집에서 틀린 문제의 유형을 파악하고 자신이 무엇을 몰라 틀렸는지 꼼꼼히 분석해야 한다. 식의 풀이 과정에서 잘 안 풀리는 부분이 있거나 자신이 자주 틀리는 문제 유형을 따로 정리하는 것도 중요하다.

중학교 1학년 수학 교과서 '정수와 유리수' 중 '유리수와 그 계산' 편을 예로 들어보자.

유형 1 괄호가 없는 유리수의 뺄셈

$-\dfrac{2}{3}-\dfrac{4}{5}$

분모를 15로 통분해서 $-\dfrac{10}{15}-\dfrac{12}{15}$까지는 알았지만, 그 다음을 이해하지 못했다.

이것은 $\left(-\dfrac{10}{15}\right)+\left(-\dfrac{12}{15}\right)$라는 것을 나중에 이해했다.

→ 괄호가 없는 식의 덧셈과 뺄셈을 괄호가 있는 식으로 고친 후에 계산하면 편하다.

유형 2 어떤 수가 나오는 문제

초등학교 때부터 이런 문제만 나오면 매번 헤매고 틀렸다.

어떤 수에서 $-\dfrac{3}{2}$를 빼야 할 것을 잘못하여 더했더니 $\dfrac{1}{6}$이 되었다. 올바르게 계산하면?

① 어떤 수가 나오면 어떤 수를 괄호로 놓고 식을 만든다.

$(\ \ )+\left(-\dfrac{3}{2}\right)=\dfrac{1}{6}$

② 식을 계산한다.

$(\ \ )=\dfrac{1}{3}+\dfrac{3}{2}=\dfrac{1}{6}+\dfrac{9}{6}=\dfrac{10}{6}$

③ 올바르게 적용한다.

$\dfrac{10}{6}-\left(-\dfrac{3}{2}\right)=\dfrac{10}{6}+\dfrac{3}{2}=\dfrac{19}{6}$

→ 위와 같은 3단계 흐름을 차근차근 이해했더니 문제에 자신이 생겼다.

이런 식으로 자신이 주로 틀리는 유형을 정리해 풀이과정을 이해하면 실수를 줄일 수 있다.

(5) 수학 예습 : 답을 아는 게 중요한 것이 아니다

　단순히 결과가 어떤지를 알아내는 수학 예습은 하지 말자. 수학을 예습할 때는 교과서만 보는 것으로 충분하다. 우선 '단원 열기'나 '학습목표' 부분을 읽어 본다. 그리고 나중에 지식이 쌓인 다음에는 이 내용을 설명할 줄 알아야 한다. 대부분의 학생이 문제만 풀고 학습목표를 소홀히 한다. 이 밖에 용어의 의미와 공식이 만들어지기까지의 과정을 고민해 보자.

　전체 보기가 끝났으면 교과서에서 개념 설명과 예제의 풀이 과정이 어떻게 되었는지 확인한다. 답을 내는 데만 급급해하지 말고 풀이 과정을 꼼꼼히 익히자. 개념 설명이 부족하거나 문제가 잘 풀리지 않을 때는 교과서에 표시만 해 둔다. 절대 자습서를 보고 확인하지 않는다. 특히 수학은 다른 과목과는 달라서 기계적으로 답만 알고 수업에 참여하면 그 시간 자체가 무의미해진다.

⑹ 수학 복습 : 구술을 연습하라

수학은 다른 과목보다 이해와 확인 과정이 훨씬 더 필요하다. 교과서마다 약간의 차이는 있지만, '토론하기', '용어를 설명하라', '방법을 설명하라', '생각 나누기' 등의 문제를 꼭 설명할 줄 알아야 한다. 공부하면서 구술(口述)하는 연습도 하자. 구술은 대학입학 시험에서 논술과 함께 중요한 부분이다. 선생님과 친구들 앞에서 설명하는 것처럼 자신 있게 해 본다. 예를 들면 〈최대공약수와 최소공배수〉 단원에서 '세 수 24, 60, 84의 최대공약수를 구하여라.'라는 문제가 있다고 가정하자. 이 문제를 입으로만 아니면 쓰면서 설명하는 것이다.

이 문제는 최대공약수를 구하는 문제입니다. 최대공약수를 구하기 위해서 각각을 소인수분해해야 합니다. 일단 24를 소인수분해해 보면 다음과 같습니다.

$24 = 2 \times 2 \times 2 \times 3$입니다.

60을 소인수분해 해보면 다음과 같습니다.

$60 = 2 \times 2 \times 3 \times 5$입니다.

84를 소인수분해 해보면 다음과 같습니다.

$84 = 2 \times 2 \times 3 \times 7$입니다.

여기서 세 수의 공통인 소인수가 보일 겁니다. 2, 2, 3입니다. 이 세 소인수를 곱한 12가 최대공약수가 되는 겁니다.

한편, 다음과 같이 내가 선생님이라면 학생들에게 어떻게 설명할까를 생각하고 직접 해 보는 것도 좋다.

"이 문제를 해결하기 위해서 무엇을 알아야 하지? 그렇지 세 수를 소인수분해 할 줄 알아야 하겠지. 그래. 누가 설명해 볼래. 열공이가 해봐. 잘했어. 열공이가 말한 대로 각각의 수를 소인수분해 하면 공통인 소인수가 나오잖아. 헷갈리지 말고 각각의 소인수를 잘 찾아서 곱해주면 그것이 최대공약수가 되는 거야. 모두 알겠지?"

이렇게 자꾸 말로 설명하는 것은 논리적이고 설득력 있는 학습 능력을 길러준다.

그리고 앞에서도 말했듯이 수학에서 가장 중요한 것은 틀린 문제를 반복해서 확인하는 것이다. 2분 안에 풀어야 하는 문제를 10분에 풀었다면 몇 번이고 풀어 2분에 맞추어야 한다. 눈으로 봤을 때 바로 이해되고 풀릴 때까지 연습해야 한다.

스톱워치를 사용하라

수학 문제를 풀 때는 스톱워치를 사용해 1분 당 한 문제를 푸는 습관을 들이자. 시간을 정해 놓지 않으면 긴장감이 떨어져서 1시간 동안 10문제밖에 못 풀 수도 있다. 학교에서 시험을 보는 것처럼 늘 시간을 맞춰놓고 문제를 풀다 보면 자연히 계산하는 속도가 빨라진다.

〈수학 공부 아이템〉

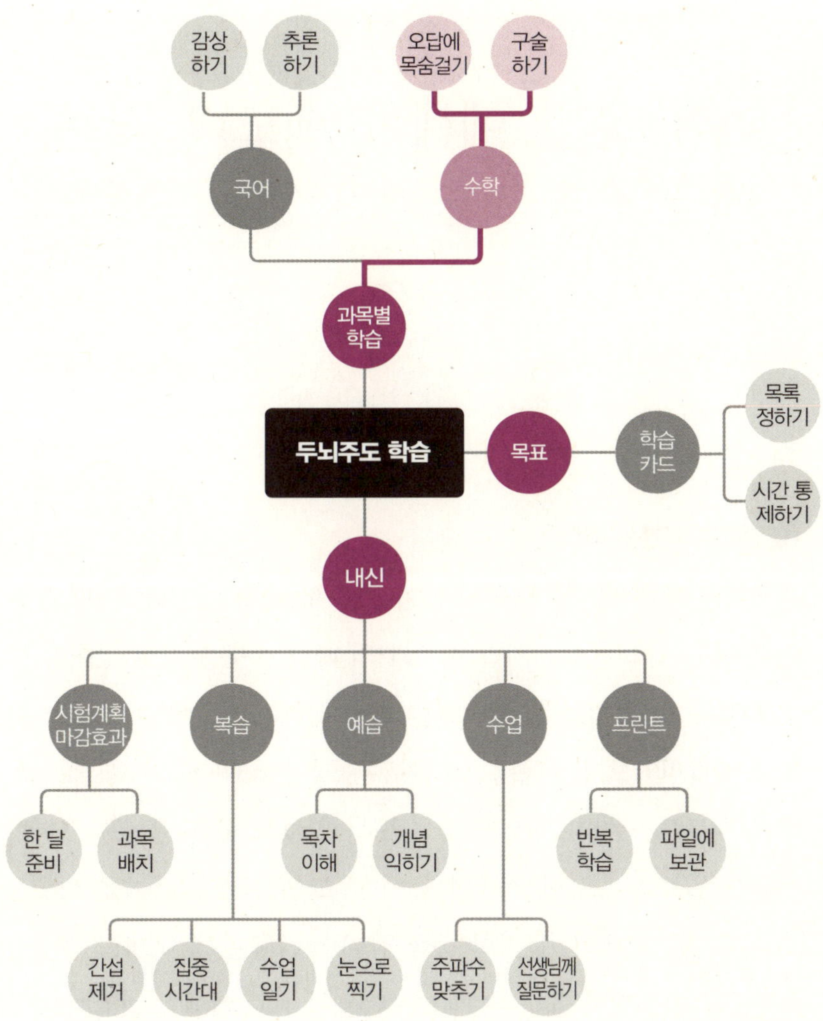
감상
하기
추론
하기
오답에
목숨걸기
구술
하기
국어
수학
과목별
학습
두뇌주도 학습
목표
학습
카드
목록
정하기
시간 통
제하기
내신
시험계획
마감효과
복습
예습
수업
프린트
한 달
준비
과목
배치
목차
이해
개념
익히기
반복
학습
파일에
보관
간섭
제거
집중
시간대
수업
일기
눈으로
찍기
주파수
맞추기
선생님께
질문하기

03
영어

어휘, 문법, 에세이, 메모력, 작문, 예습과 복습 능력 향상 프로젝트

(1) 영어의 기본은 어휘

국어와 마찬가지로 영어에서 가장 중요한 것은 어휘다. 많은 어휘를 아는 것도 필요하지만 한 어휘의 다양한 뜻을 알고 있어야 듣기와 말하기, 읽기, 쓰기가 수월하다. 어휘를 익힐 때는 그 단어 하나에 매달리기보다는 문장으로 외우는 것이 효과적이다. 독해를 하다가 새로운 단어가 나오면 괄호 또는 밑줄을 긋고 단어를 포함한 문장을 별도의 노트에 정리한다. 이때 그 단어의 파생어를 비롯해서 다른 뜻, 반대어, 동의어 등을 함께 정리하는 것이 바람직하다. 동화사 1학년 영어 교과서에 나오는 글을 읽고 어휘를 정리해보자. 밑줄 친 어휘에 주목해보자.

Computers are useful for doing many thing. First, they are very fast. They can work faster then a man. Second, Computers Can help us 1)chat with others. Third, they can keep a lot of information for a long time.

They give it to us, too. They help us study alone. Computers can 2)even cook food in the kitchen. We can do almost everything on them.

However, computers are not always good. They sometimes lose important information. Many people spend too much time playing games. Computers sometimes give us bad information. Some sites are not safe for students. Parents should 3)protect them from bad websites.

Computers do us good, but they can do us harm, too so, we must use them carefaully.

다음은 단어장을 정리한 예이다. 노트를 3등분해서 어휘, 뜻, 단어가 포함된 문장을 적는다. 이렇게 적은 문장을 여러 번 소리 내어 외운다. 어휘는 미루지 말고 그때그때 외워야 나중에 분량이 늘어나도 수월하게 암기할 수 있다. 오른쪽을 가리고 왼쪽의 뜻만 보면서 저절로 입에서 영어 단어와 문장이 흘러나올 때까지 암기하며 주기적으로 확인하는 습관을 들여야 한다.

1) chat	이야기하다, 재잘거리다	Second, computers can help us chat with others. ~ with : ∼와 이야기하다 / = talk with
2) even	심지어, 조차	Computers can even cook food in the kitchen. ~ surface : 평범한 표면
3) protect	보호하다	Parents should protect them from bad websites. ⓝprotection ⓐprotectable

(2) 문법은 기본 개념부터 차근차근 정리한다

문법은 중학생 과정만 잘 다져놓아도 수능시험까지 충분히 소화할 수 있다. 관계대명사, 원급, 비교급, 최상급, to-부정사, 동명사, 부사, 수동태, 간접의문문, 화법 등 영어의 기본 문법을 정리한 다음 차근차근 보충하는 것이 바람직하다. 처음부터 모두 정리하려 하면 벅차게 느껴질 테니 진도에 맞추어 교과서 각 단원에 나오는 문법을 정리한 후에 자주 들여다보며 익혀야 한다.

어느 정도 문법의 기초를 닦은 다음에는 독해집을 이용한다. 독해 공부를 많이 하다 보면 문법 실력도 저절로 향상된다. 또한 독해를 하면서 문장 속에서 문법을 발견하는 것이 문법을 달달 외우는 것보다 훨씬 이해하기 쉽다.

독해를 하다가 해석하기 어려운 문장을 10~20개 정도 정리해서 그 이유를 살펴보면 자신이 어느 부분에 약한지 알 수 있다. 독해를 많이 안 해봐서, 문장 구조를 파악하지 못해서, 접속사의 쓰임을 잘 몰라서 등의 결론이 나오면 모든 문법을 처음부터 공부한다는 욕심을 버리고 자신이 부족한 부분만 집중 공략하는 편이 낫다.

아울러 독해 문제집에 수동태 개념 등 문법 설명이 있다면 이것을 따로 정리하고 문법책에 나온 예문을 찾아 덧붙인 후 스스로 영어 문장을 만들어보면 훨씬 도움이 된다.

(3) 중학교 영어 시험에 많이 나오는 문법 문제 세 가지

① 시제

시제가 어려운 이유는 동사의 원형, ing형, 과거분사, be+ing, be+과거분사 등 그 종류가 12가지나 되기 때문이다. 특히 과거분사 등은 우리말, 즉 국어에는 없는 시제이기 때문에 더욱 헷갈리기 쉽다. 동사의 형태와 의미에 관심을 갖고 시제를 정리해야 한다. 이때 12가지 시제 가운데 현재형, 과거형, 미래형, 현재진행형, 현재완료형, 과거완료형의 개념과 형태만 잘 정리해도 중학교 과정은 무난히 통과할 수 있다. 또한 독해를 하면서 동사의 형태에 유의하면 시제의 활용에 익숙해질 것이다.

다음 문장을 예로 설명해보겠다.

I walked to the phone and dialed the number that I had seen the number that on the advertisement.

이 문장의 동사는 walked, dialed, had seen 이다. walked는 2형식 완전자동사로 과거시제이며, 3형식 타동사인 dialed 역시 과거시제이다. 반면에 had seen은 3형식 타동사로 과거완료이다. 과거완료는 과거보다 하나 더 앞선 시제다. 이렇게 동사만 분석해도 전체 문장을 더욱 쉽게 이해할 수 있다.

그런데 'will'과 'be going to'처럼 같은 미래시제에 쓰이는 표현이라도 의미가 조금씩 달라지는 경우가 있으므로 주의해야 한다.

다음 두 문장을 예로 들어보자.

I will go to school.
I am going to go to school.

will을 사용한 첫 번째 문장은 '나 학교에 갈 거야.'로 해석되며 주어가 현재 의지로 결심한 것을 나타낸다. 반면에 be going to를 사용한 두 번째 문장은 '나 학교에 가려고 해.'로 해석되며 이미 정해져 있던 미래를 의미하지만 주어가 정말 학교에 갈지는 확신할 수 없다. 이처럼 같은 시제 표현이라도 의미가 다른 것들은 나올 때마다 따로 정리하는 것이 바람직하다.

② 관계대명사

관계대명사는 두 개의 문장을 하나로 연결할 때 접속사와 대명사 역할을 동시에 하는 것을 말한다. 관계대명사를 사용하면 불완전한 의미의 문장을 구체적으로 보완할 수 있기 때문에 회화에도 유용하게 쓰인다.

그런데 많은 학생들이 관계대명사를 어려워한다. 그 이유는 관계대명사 앞에 있는 명사를 가리키는 선행사(사물, 사람 또는 동물, 사람, 사물·동물)와 관계대명사 뒤에 있는 대명사의 격(주격, 소유격, 목적격)에 따라 관계대명사의 종류가 바뀌기 때문이다.

다음 두 문장을 관계대명사로 이어보자.

This is the boy. I wanted to see him.

우선 두 문장에서 동일한 대상을 가리키는 명사와 대명사를 찾
아 대명사를 관계대명사로 바꿔야 한다. 여기에는 'him'이 'the boy'
를 가리키므로 관계대명사는 선행사가 사람일 때 사용하는 who,
whose, whom 가운데 하나이다. 그리고 대명사 him이 목적격이므
로 관계대명사 역시 목적격인 whom을 사용해 두 문장을 잇는 것
이다.

This is the boy whom I wanted to see him.

한편 영어에서는 여러 용법으로 사용되는 단어가 시험에 잘 나오
는데 그 대표적인 예가 바로 that이다. that은 관계대명사, 접속사,
지시대명사로 사용된다. that이 접속사로 쓰일 때는 명사절을 이끄
는 역할을 하며, '~하는 것'으로 해석한다. 다른 말을 수식할 수 없
으며 선행사도 없다. 관계대명사 that은 문장에서 대명사와 접속사
의 역할을 동시에 하며, 지시대명사로 쓰일 때는 '저것'이라는 의미
이다. 그 차이를 구분해 따로 정리해 놓자.

관계대명사(주격) : That is the boy that came here yesterday.
접속사 : She thinks that she is gorgeous.
지시대명사 : Who is that guy over there?

③ 부가의문문과 it의 쓰임

부가의문문은 자신이 말한 내용에 대해 상대방에게 동의를 구하거나 확인하려는 의도로 사용되는 것으로 앞문장의 동사 형태에 따라 부가의문문의 형태가 달라진다.

be동사 : You are a teacher in this school, aren't you?

일반 동사 : She works very hard, doesn't she?

조동사 : I'll have a girlfriend, won't I?

it은 지시대명사와 비인칭 주어, 가주어로 쓰인다. 지시대명사 it은 '그것'으로 해석되는 반면에 비인칭주어 it은 해석되지 않으며 날씨나 요일, 분위기 등을 나타낼 때 주어 자리에 쓰인다. 가주어란 진짜 주어가 아니면서 주어 자리를 차지하고 진짜 주어(진주어)를 뒤로 밀어낸 것이다. it의 세 가지 쓰임을 구분하고 익혀야 한다.

비인칭 주어 : It is very cold today.

지시대명사 : It is a very nice dress.

가주어 : It is dangerous to go out after midnight.

(4) 영어 작문은 독해력과 문법 실력이 좋을수록 수월하다

독해집을 통해 영어 작문 실력을 향상시키는 것도 좋은 방법이다. 우선 독해를 한 다음, 한글로 해석된 글을 보고 영어 문장으로 옮겨 보는 것이다. 이때 자기 수준에 맞지 않은 어려운 독해집보다는 비교적 쉽고 기본 문법에 충실한 교과서부터 도전하는 것이 바람직하다. 중학교 3학년은 3학년이나 2학년 교과서로 영어 작문을 해 보고, 2학년은 2학년이나 1학년 교과서로 해 본다.

작문하기 어려운 문장만 따로 모아 정리하면 자신이 어려워하는 작문의 형태가 보인다. 그것을 파악한 다음 부족한 문법을 보충하고 문장을 바꿔 보거나 자연스럽지 않은 문장을 올바로 고치는 연습을 한다. 이때 작문한 것을 학교나 학원 선생님에게 평가받는다면 작문 실력이 나날이 향상될 것이다.

(5) 영어 예습은 어휘와 독해 위주로

영어 예습은 어휘와 독해 중심으로 준비하자. 우선 각 단원에 나오는 학습목표를 확인하고 거기에 나오는 문장을 암기한 후 교과서 본문을 읽는다. 본문을 읽을 때 끊어 읽기를 하면서 중심내용을 파악하고 새로운 어휘를 정리한다. 그리고 구문 해석이 잘 안 되는 부분은 교과서에 표시한다. 나중에는 본문을 암기할 정도로 다독해야 한다.

(6) 영어 복습은 문법과 작문을 중심으로

일단 교과서 단원마다 나오는 문법을 잘 정리한다. 보통 한 단원마다 2~3개의 문법을 집중적으로 다룬다. 영어 작문은 문법, 어휘, 구문의 총합이기 때문에 교과서에 있는 쉬운 표현부터 해 본다. 시험에 나올 법한, 꼭 알아야 하는 영어 문장을 정리하는데, 단원마다 중점적으로 다루는 표현을 보면 된다. 예컨대 취미와 관련된 표현, 소개 표현, 현재 하고 있는 동작 표현, 길 묻고 대답하기 등을 정리하는 식이다. 영어 작문 공부는 너무 무리하게 할 필요는 없고, 다른 조건들이 갖추어져 있을 때 양을 늘리면서 하는 것이 바람직하다.

(7) 에세이로 문법 다지기

영어 교과서에는 각 레슨마다 필요한 문법 한두 가지씩을 익히도록 제시되어 있다. 별도의 문법책을 구해 공부하는 것도 나쁘지 않지만, 그보다 먼저 학교에서 각 단원의 문법을 배울 때마다 집중적으로 익힐 필요가 있다. 예컨대 현재완료를 배우는 경우 일단 교과서를 정리한 후에 현재완료의 개념이나 용법 등을 문법책으로 보완하는 게 효과적이다. 다시 강조하지만 학교 시험 문제는 교과서의 지문을 기본으로 한다는 것을 명심해야 한다.

각 레슨을 마무리할 때는 그 단원에서 배운 단어와 표현, 문법을 활용해 영어 에세이를 써본다. 멀리 떨어져 계시는 할머니에게 편지를 쓰거나 좋아하는 연예인, 오늘 본 드라마에 관한 것 등 각자 취미에 맞는 주제를 정해 영어 작문을 하는 습관을 들여 보자.

교과서와 문법책을 비롯해 영어 작문 표현집을 활용해 에세이를 쓰는 연습을 하면 영어 문법과 작문에 대한 이해가 나날이 향상될 것이다.

중요한 것은 에세이를 쓴 후에 선생님께 점검을 받아 오류를 잡아내는 일이다. 이런 과정을 거쳐야 올바른 작문법을 쉽게 익힐 수 있고 그에 따라 실력도 빠르게 향상되기 때문이다.

다음은 동화사 교과서를 읽고 'to 부정사'와 '동명사', 'What'의 명사절 용법을 중심으로 학생이 쓴 에세이이다.

Hi, Min-su. I haven't seen you in ages. How have you been? Autumn has started. The maple leaves turned yellow. I love autumn. I don't know you like what.

My favorite singer is IVY. She is a born enter tainer. Her music is always entertaining and exciting. That singer's song is now on the air.

I am belong at school bend. I am singing and writing to you.

Min-su, can you you make it at next weekend? I will have a chance watching IVY song. Why don't we go to IVY concert weekend tonight?

And I look forward to your mail. Bye.

이 학생이 문법을 얼마나 잘 활용했는지 살펴보기로 하자.

첫째, 인사말인 'I haven't seen you in ages.'는 중학교 2학년 때 배우는 표현으로 '만난 지 오래됐다.'라는 뜻이다. 이런 문장은 통째로 외워서 오랫동안 못 만난 친구들에게 인사말로 사용하면 자연스럽게 입에 밸 것이다.

둘째, 'I don't know you like what.'에서 what은 know의 목적어 역할을 하는 명사절로 쓰인다. 이 학생이 하려는 말은 '네가 뭘 좋아하는지 모르겠다.'라는 뜻이다. 그런데 간접의문문의 어순은 '의문사 + 주어 + 동사'이므로 이 문장은 'I don't know what you like.'로 수정해야 옳다.

셋째, 'I am belong at school bend.'는 숙어와 관련된 문장이다. 그런데 belong은 '~에 소속되다'라는 뜻으로 쓰일 때 전치사 'to'를 사용한다. 따라서 이 문장은 'I belong to school bend.'로 표현하는 게 맞다. 참고로 belong to 다음에는 (동)명사가 온다는 것도 알아 두자.

넷째, 'I will have a chance watch IVY song.'은 to부정사의 형용사적 용법을 활용한 문장이다. watch IVY song이 형용사 역할을 하므로, 앞의 chance 뒤에 to를 넣어야 한다.

마지막으로 'I look forward to your mail.'에서 'look forward to'는 '~을 기대하다'라는 뜻으로 관용적으로 진행형을 쓰므로 'I'm looking forward to your mail.'로 고치는 게 옳은 표현이다.

이 학생의 경우처럼 처음에는 영어 일기나 영어 편지를 쓰는 것으로 시작해서 점점 주제를 문학 감상과 과학, 사회, 시사 분야로 확대해 나가면 영어 작문 실력이 점점 향상될 것이다.

(8) 영어 에세이 쓰는 법

영어로 쓰는 에세이도 한글로 글을 많이 써 본 학생이 더 잘 쓰는 건 당연하다. 태어나는 순간부터 체득한 한글로 글을 못 짓는 사람이 외국어인 영어로 글을 잘 쓴다는 것은 어불성설이다. 따라서 기본적으로 서론, 본론, 결론 형식으로 글을 풀어가는 것부터 익히는 것이 순서이다. 즉 영어 에세이는 Introduction, Body, Conclusion 형식으로 써 내려가면 된다.

Introduction은 전체 내용의 정보를 알려주는 부분으로 두 세 문장이면 적당하다. Body는 본론으로서 주제와 관련된 내용을 본격적으로 펼친다. 주제와 관련된 예를 들면 글에 생동감이 들고, 짧은 문장과 긴 문장을 번갈아 쓰면 글의 리듬을 살릴 수 있다. Conclusion은 마무리에 해당하는 부분으로서 글을 맺으면서 자신의 생각을 정리하면 된다.

다음에 소개된 글을 바탕으로 영어 에세이의 구성에 대해서 좀 더 상세하게 살펴보기로 하자. 여기에서는 비교급 표현도 눈여겨볼 필요가 있다. 이 글의 주제는 '자연보호'인데, 서론, 본론, 결론을 과거와 현재, 미래로 구분해 전개함으로써 주제를 간결하고 쉽게 나타냈다.

In the past, people lived in a clean environment. There were not many factories or cars. So, the air and water were not dirty.

Today, there are more factories and cars than before. They spoil water and air. People make a lot of trash and throw it away, too. People can't enjoy fresh air and clean water.

Now people want to live in a clean environment again. Factories and cars make less pollution than before. People want to recycle old things. So, they don't make much trash.

In the future, people will live in a cleaner environment. They'll enjoy fresh air, clean water, and rich land again.

Introduction 부분은 첫 문단으로 과거의 자연은 깨끗했다며 주제를 암시하고 있다. Body 부분은 두 번째와 세 번째 단락으로 산업의 발전으로 자연환경이 많이 훼손됐지만, 요즘에는 자연보호를 위해 노력하고 있다고 설명한다. 마지막 Conclusion 부분에서는 이런 노력 덕분에 자연이 좀 더 깨끗해질 것이라는 전망으로 끝을 맺었다.

영어 교과서 지문은 대부분 이런 형식을 따르고 있으므로 교과서 지문을 분석하고 그대로 베껴 쓰는 연습도 영어 에세이 쓰기에 도움이 된다. 단, 영어로 에세이를 쓸 때 절대 한글로 먼저 쓴 후에 영어로 바꾸는 작업을 해서는 안 된다. 한글과 영어의 어법이 전혀 다르기 때문에 그런 식으로 하면 엉망이 되기 때문이다. 영어 작문은 처음부터 끝까지 영어로 생각한 후 영어로 써 내려가야 한다.

(9) 영어 교과서 메모법

영어 교과서에서 기본적으로 정리해야 할 것은 단어와 문법, 문장 구조이다. 교과서는 듣기와 말하기, 읽기, 쓰기 등을 비롯해 문법과 연습문제 등으로 구성된다. 교과서의 여백도 충분해서 메모하는 데 부족함이 없다.

우선, 단어를 메모하는 법부터 살펴보자. 포스트잇에 교과서에 나오는 단어의 뜻과 파생어, 동의어, 반대어를 정리해 붙여놓는다.

예를 들어, 'I am interested in the English Play Club'이라는 문장에서 'interested in'에 밑줄을 그어놓고 포스트잇에 메모하는 식이다.

> interest : ⓝ 관심, 흥미 / ⓥ 흥미를 일으키게 하다, 관심을 끌다 / ⓐ
> interesting : 흥미진진한 / 숙어 be interested in ~에 흥미가 있다. I am
> interested in this country.

문법 역시 교과서 예문에 밑줄을 긋고 포스트잇에 보충 내용을 메모한다.

'I'm looking forward to your letter.'에서 look forward to는 (동)명사를 목적어로 취한다. 그러므로 포스트잇에는 to 부정사를 목적어로 취하는 동사와 (동)명사를 목적어로 취하는 동사를 비교, 메모해 놓는다.

> ### to 부정사
>
> want, need, wish, hope, plan, decide, propose, offer, ask, agree, refuse, fail, serve, manage, expert
>
> ### ing 동명사
>
> enjoy, suggest, stop, quit, consider, mind, dislike, avoid, give up, finish, suggest

끝으로 문장구조는 어떻게 메모해야 할까? 문장구조를 파악하기 위해서는 주어와 동사, 목적어, 보어 등 문장을 구성하는 요소의 쓰임새를 알아야 한다.

'I made her happy.'를 보자. 네 단어로 된 간단한 문장이긴 해도 5형식 문장의 구조를 모르면 해석하기 어렵다. 이처럼 해석이 잘 안 되거나 문장구조가 눈에 익지 않은 문장 옆에 1형식부터 5형식까지의 문장 예문을 붙여 놓는다.

1형식 : He comes. 주어 + 동사

2형식 : I am a boy. 주어 + 동사 + 보어

3형식 : She writes the letter. 주어 + 동사 + 목적어

4형식 : He gave me a book. 주어 + 동사 + 간접목적어 + 직접목적어

5형식 : I think him honest. 주어 + 동사 + 목적어 + 목적보어

'노력하는 사람이 천재를 이긴다'는 말이 있다. 잊어버릴 때마다
계속 반복해서 쓰고 외우면 어느새 문장구조를 자연스럽게 구분해
영어의 달인에 한 발짝 다가설 수 있다.

〈영어 공부 아이템〉

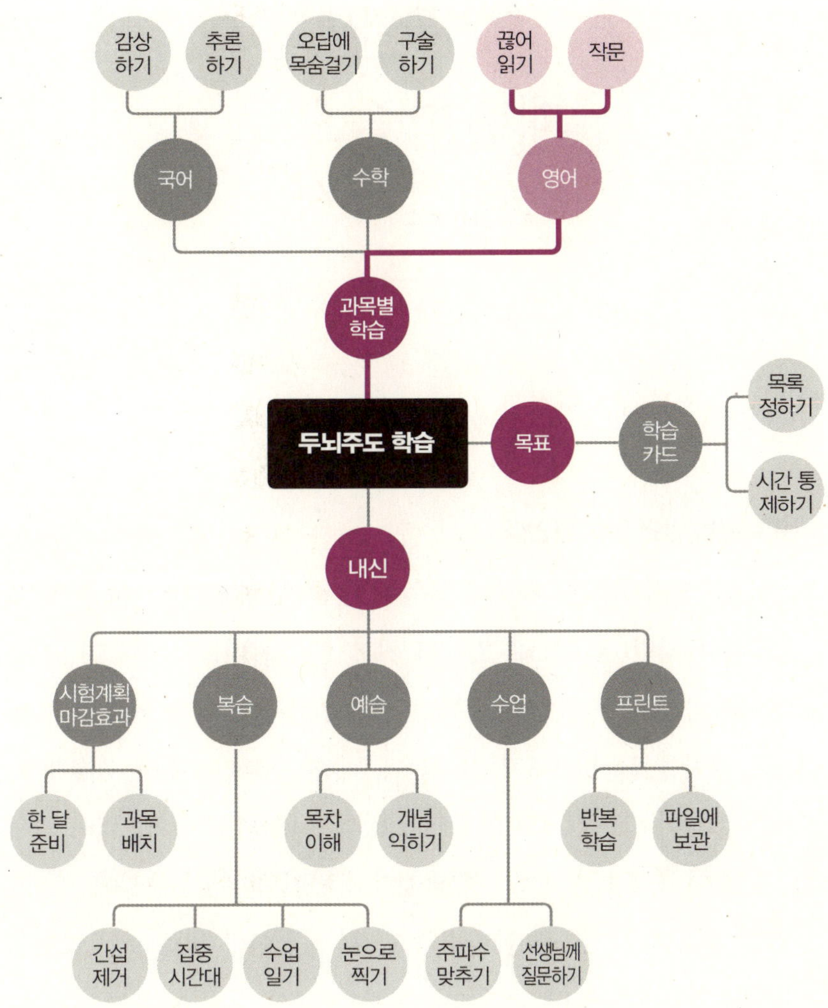

감상하기
추론하기
오답에 목숨걸기
구술하기
끊어 읽기
작문
국어
수학
영어
과목별 학습
두뇌주도 학습
목표
학습 카드
목록 정하기
시간 통제하기
내신
시험계획 마감효과
복습
예습
수업
프린트
한 달 준비
과목 배치
목차 이해
개념 익히기
반복 학습
파일에 보관
간섭 제거
집중 시간대
수업 일기
눈으로 찍기
주파수 맞추기
선생님께 질문하기

04

사회·역사

패턴학습으로
해결하자

(1) 패턴을 알면 답이 보인다

사회·역사 과목은 제목과 목차에 단원의 특성이 집약되어 있다. 제목과 목차만 정리할 줄 알아도 기본 점수는 따고 들어간다. 본문은 제목과 목차를 연결하는 특정 단어와 문장이 계속 이어진다. 이러한 패턴을 알면 공부가 쉬워진다. 사회·역사 과목은 이렇게 전체와 부분이 그물망처럼 연결되어 있다. 아쉽게도 사회·역사 과목만큼 좋아하거나 싫어하는 학생층이 뚜렷이 구분되는 과목도 없다. 사회·역사의 특성을 이해하지 못한 채 복잡하고 외울 것이 많다고 지레 겁먹기 때문이다.

수학을 좋아하는 학생은 숫자가 조합되는 패턴을 알기 때문에 흥미를 느낀다. 마찬가지로 사회·역사를 좋아하는 학생은 사회와 역사가 돌아가는 패턴을 이해하기 때문에 재미를 느끼는 것이다.

패턴학습은 부분을 통해 전체를 만들어가는 공부법이다. 예를 들면, 어떤 내용을 읽으면서 중요하다고 생각하는 어휘를 괄호로 묶는다. 이러한 어휘를 연결해서 목차를 재구성하고, 목차를 연결하면 다시 전체가 만들어진다는 원리이다. 사회·역사 과목은 제목과 목차 그리고 본문 내용의 유기적 연관성 때문에 패턴학습을 활용하기 쉽다. 역사의 한 부분을 예로 들어 중심 어휘를 괄호로 묶어보자.

근세 사회의 성립

조선의 건국

(이성계)는 (위화도회군)으로 군사적 실권을 장악하고 본격적인 개혁의 계기를 마련하였다. 그러나 (신진사대부) 사이에는 개혁의 방향을 둘러싸고 다른 의견이 존재하였다. (이색, 정몽주) 등 대다수의 (온건개혁파)는 고려왕조의 틀 안에서 점진적 개혁을 추진하려 하였다. 반면, (정도전) 등 (급진개혁파)는 고려왕조를 부정하는 (역성혁명)을 주장하였다.

(급진개혁파)는 창왕을 몰아내고 (공양왕을 세우면서) 정치적 실권을 잡았다. 이들은 역성혁명을 반대하던 정몽주를 비롯한 (온건개혁파를 제거)하였다. 이로써 (이성계)는 공양왕의 왕위를 물려받아 (조선을 건국)하였다(1392).

(태조)는 교통과 국방의 중심지인 (한양)으로 도읍을 옮긴 후, 도성을 쌓고 경복궁을 비롯한 궁궐, 종묘, 사직, 관아, 학교, 시장, 도로 등을 건설하여 (도읍의 기틀)을 다졌다.

초창기의 문물제도를 갖추는 데 크게 공헌한 사람은 (정도전)이었다. 그는 (민본적 통치규범)을 마련하고, (재상 중심의 정치)를 주장하였다.

또 (불씨잡변)을 통하여 (불교를 비판)하였으며, (성리학을 통치이념으로 확립)했다.

두 차례에 걸친 (왕자의 난)을 통하여 개국공신 세력을 몰아내고 왕위에 오른 (태종)은 왕권을 강화하고 (국왕중심의 통치체제)를 정비하고자 하였다. 태종은 (6조 직계제)를 채택하였으며, 언론기관인 (사간원을 독립시켜 대신들을 견제)하였다. 또 (양전사업)과 (호구파악)에 노력을 기울였으며, (호패법)을 실시하였고, (사원의 토지를 몰수)하고, (억울한 노비를 조사하여 해방)시켰다. 아울러 (사병을 없애) 왕이 군사지휘권을 장악하면서 (친위군사)를 늘렸다.

중심 어휘를 가지고 아래와 같이 목차를 다시 짠다. 내용이 달라질 때 바꾸고 같은 내용에 대한 설명일 때는 괄호 번호로 순서를 매긴다.

조선의 건국

1. 이성계의 위화도 회군

2. 신진사대부 사이의 갈등
   1) 온건개혁파(이색, 정몽주) – 점진적 개혁
   2) 급진개혁파(정도전) – 역성혁명 주장

3. 급진개혁파의 승리
   1) 공양왕 추대
   2) 온건개혁파 제거
   3) 이성계 조선 건국(1392)

4. 태조의 정책
   1) 한양으로 도읍 옮김
   2) 경복궁 건설

5. 정도전의 공헌
   1) 민본적 통치규범 마련
   2) 재상 중심의 정치
   3) 불교 비판 – 불씨잡변
   4) 성리학을 통치이념으로 확립

6. 태종의 정치

    1) 왕자의 난으로 즉위

    2) 국왕 중심의 통치체제

    3) 6조 직계제

    4) 사간원(언론기관) 독립 – 대신 견제

    5) 양전 사업 및 호구 파악

    6) 호패법 실시

    7) 사원 토지 몰수

    8) 억울한 노비 해방

    9) 사병 철폐 – 친위군사 전환

이렇게 본문을 목차로 구성하면 내용을 명확히 이해할 수 있다. 이 목차를 연결하면 다시 '조선의 건국' 과정이라는 전체 내용에 다가간다. 필자는 이러한 패턴학습을 사회·역사 과목을 정리하는 데 활용하라고 학생들에게 강조한다. 다음과 같은 방법을 활용하면 사회·역사에 좀 더 흥미를 느낄 수 있다.

(2) 사회·역사 정리 방법

먼저, 교과서 예습 단원을 눈으로 훑어보자. 그런 다음, 본문을 1회 정독하면서 주어에 해당하는 '은(는)'과 서술어에 해당하는 '~다'를 찾아 색깔 펜으로 밑줄을 긋는다.

시민사회의 발전과 민주시민

1. 시민혁명과 시민사회의 발전

2. 산업혁명과 자본주의의 발달

1) 산업혁명의 영향

산업혁명의 의미

산업혁명은 18세기 중엽 영국에서 시작된 기술상의 혁신과 이에 따라 일어난 사회, 경제 구조상의 변혁을 일컫는다. 이는 연속적인 기술혁신의 과정에 의해 이루어졌는데, 종전에는 상상할 수 없었던 거대한 생산력으로 인류를 절대적 빈곤으로부터 벗어날 수 있게 하였다.

산업혁명은 종래의 가내공업이나 수공업에 의존하던 생산형태를 동력을 이용한 대규모 공장제 공업으로 바꾸었다. 이에 따라 대량생산으로 막대한 이윤을 얻은 산업자본가가 성장하고, 이윤 획득을 목적으로 노동자를 고용하여 상품을 생산하는 자본주의 제도가 확립되었다.

자본주의 경제질서는 시민사회를 발전시키는 원동력이 되었다. 시민혁명에 의해 안정된 사회질서가 산업혁명을 불러일으키고, 산업혁명으로 발달한 자본주의 체제는 시민사회를 더욱 안정시키는 역할을 하였다.

밑줄 그은 부분만 연결해서 정리하면 주제와 연결되는 대강의 요지가 나오며 개념 파악도 할 수 있다.

산업혁명의 의미
산업혁명은 사회, 경제 구조상의 변혁을 일컫는다. 절대적 빈곤으로부터 벗어날 수 있게 하였다. 대규모 공장제 공업으로 바꾸었다. ∨ 자본주의 경제 질서는 ∨ 원동력이 되었다. 자본주의 체제는 ∨ 안정시키는 역할을 하였다.

뭔가 부족하다는 느낌이 든다. 조금 살만 붙이면 명확해질 것 같다는 생각이 든다. 스스로 생각하고 질문하면서 능동적으로 찾아야 한다. 부족해 보이는 부분은 세 군데이다.(∨자 표시를 해 놓았다.)

① 산업혁명 이야기로 가다가 자본주의 경제 질서로 전환되는 부분

② 자본주의 경제 질서가 무엇의 원동력인지에 대한 부분

③ 자본주의 체제가 무엇을 안정시키는 역할을 했는지에 대한 부분

다시 교과서를 보면서 부족한 부분은 괄호를 해 놓자. 괄호 하는 것이 애매하면 짧게 내용을 적어 놓는다.

시민사회의 발전과 민주시민

1. 시민혁명과 시민사회의 발전

2. 산업혁명과 자본주의의 발달

1) 산업혁명의 영향

산업혁명의 의미

　산업혁명은 18세기 중엽 영국에서 시작된 기술상의 혁신과 이에 따라 일어난 사회, 경제 구조상의 변혁을 일컫는다. 이는 연속적인 기술혁신의 과정에 의해 이루어졌는데, 종전에는 상상할 수 없었던 거대한 생산력으로 인류를 절대적 빈곤으로부터 벗어날 수 있게 하였다.

　산업혁명은 종래의 가내공업이나 수공업에 의존하던 생산형태를 동력을 이용한 대규모 공장제 공업으로 바꾸었다. 이에 따라 대량생산으로 막대한 이윤을 얻은 산업자본가가 성장하고, 이윤 획득을 목적으로 노동자를 고용하여 상품을 생산하는 자본주의 제도가 확립되었다. – 산업혁명의 결과로 생겨난 자본주의 경제질서는 (시민사회를 발전시키는) 원동력이 되었다. 시민혁명에 의해 안정된 사회질서가 산업혁명을 불러일으키고, 산업혁명으로 발달한 자본주의 체제는 (시민사회를) 더욱 안정시키는 역할을 하였다.

　밑줄과 괄호, 메모 내용을 중심으로 다시 정리하면 의미가 좀 더 명확해진다.

산업혁명의 의미

산업혁명은 사회, 경제 구조상의 변혁을 말하는데, 절대적 빈곤으로부터 벗어날 수 있게 하였고, 대규모 공장제 공업으로 바꾸었다. 산업혁명의 결과로 생겨난 자본주의 경제 질서는 시민사회를 발전시키는 원동력이자, 시민사회를 안정화시키는 역할을 하였다.

예습할 때는 교과서를 읽으면서 표시만 해 놓고 나중에 복습하면서 위와 같이 정리하면 사회에 재미를 붙일 수 있다. 이번엔 역사를 가지고 해 보자. 역사도 마찬가지로 '~은(는) ~다'에 밑줄을 그으면 내용이 한 눈에 들어온다.

4. 문벌귀족 사회의 성립과 동요

문벌귀족 사회의 성립

성종 이후 중앙집권적인 국가체계가 확립됨에 따라 중앙에서 새로운 지배층이 형성되었다. 이들은 지방호족 출신으로 중앙관료가 된 계열과 신라 6두품 계통의 유학자였다.

이들 중에서 여러 세대에 걸쳐 중앙에서 고위 관직자를 배출한 가문을 문벌귀족이라고 부른다. 문벌귀족은 과거와 음서를 통하여 관직을 독점하고, 중서문하성과 중추원의 재상이 되어 정국을 주도해 나갔다. 이들은 관직에 따라 과전을 받고, 자손에게 세습이 허용되는 공음전의 혜택을 받았을 뿐 아니라, 권력을 이용하여 불법적으로 개인이나 국가의 토지를 차지해 정치권력과 함께 경제력까지 거의 독점하였다.

한편 이들은 비슷한 부류끼리 혼인관계를 맺어 외척으로서의 지위를 이용하여 정권을 장악하기도 하였다.

이러한 문벌귀족의 성장에 따라 사회적 모순과 갈등이 나타나기 시작했다. 과거를 통하여 진출한 지방출신의 관리 중에서 일부는 왕에게 밀착하여 왕권을 강화하고 보좌하는 측근 세력이 되어 문벌귀족과 대립하였다. 이자겸의 난과 묘청의 난은 이들 정치세력 간의 대립과 갈등이 표면으로 드러난 사건이었다.

밑줄 친 내용을 정리하면 다음과 같다.

부족한 부분은 다음과 같다.

① 맨 처음에 나오는 '이들'의 정확한 지칭(복수형이다)

② 문벌귀족의 개념 정리

③ 문벌귀족과 대립한 부분에서 '일부'란?

④ 이자겸의 난과 묘청의 난은 누구와 누구의 대립과 갈등인가?

다시 교과서를 보면서 부족한 부분은 괄호를 치거나 짧게 내용을
적어 놓자.

4. 문벌귀족 사회의 성립과 동요

문벌귀족 사회의 성립

　(성종 이후) 중앙집권적인 국가체계가 확립됨에 따라 중앙에서 (새로운 지배층)이 형성되었다. 이들은 (지방호족 출신으로 중앙관료가 된 계열)과 신라 6두품 계통의 유학자였다.

　(이들 중에서 여러 세대에 걸쳐 중앙에서 고위 관직자를 배출한 가문)을 문벌귀족이라고 부른다. 문벌귀족은 (과거와 음서를 통하여 관직을 독점)하고, (중서문하성과 중추원의 재상)이 되어 정국을 주도해 나갔다. 이들은 (관직에 따라 과전을 받고, 자손에게 세습이 허용되는 공음전의 혜택)을 받았을 뿐 아니라, 권력을 이용하여 불법적으로 개인이나 국가의 토지를 차지해 정치권력과 함께 경제력까지 거의 독점하였다.

　한편 이들은 비슷한 부류끼리 혼인관계를 맺어 외척으로서의 (지위를 이용하여) 정권을 장악하기도 하였다.

　이러한 문벌귀족의 성장에 따라 사회적 모순과 갈등이 나타나기 시작했다. (과거를 통하여 진출한 지방 출신의 관리) 중에서 일부는 (왕에게 밀착하여 왕권을 강화하고 보좌하는 측근 세력)이 되어 문벌귀족과 대립하였다. (이자겸의 난과 묘청의 난)은 이들 정치세력 간의 대립과 갈등이 표면으로 드러난 사건이었다. – 왕의 측근 세력과 문벌귀족 간

밑줄과 괄호, 메모 내용을 중심으로 다시 정리하면 의미가 좀 더 명확해진다.

4. 문벌귀족 사회의 성립과 동요

문벌귀족 사회의 성립

성종 이후 새로운 지배층은 지방호족 출신으로 중앙관료가 된 계열과 신라 6 두품 계통의 유학자였다. 이들 중에서 여러 세대에 걸쳐 중앙에서 고위 관직자를 배출한 가문을 문벌귀족이라고 부르는데, 과거와 음서를 통하여 관직을 독점하고, 중서문하성과 중추원의 재상이 되어 정국을 주도해 나갔다. 관직에 따라 과전을 받고, 자손에게 세습이 허용되는 공음전의 혜택을 받고, 정치권력과 함께 경제력까지 거의 독점하였다. 지위를 이용하여 정권을 장악하기도 하였다.

과거를 통하여 진출한 지방 출신의 관리 중에서 왕에게 밀착하여 왕권을 강화하고 보좌하는 측근 세력 중 일부는 문벌귀족과 대립하였다. 이자겸의 난과 묘청의 난은 왕의 측근 세력과 문벌귀족 간의 대립과 갈등이 표면으로 드러난 사건이었다.

이렇게 보면 사회·역사 과목은 암기 과목이 아니라 철저한 이해 과목이다. 전체 속에서 부분을 이해해야 하고, 부분을 연결해 전체를 맞출 줄 아는 능력이 있어야 한다. 따라서 절대로 처음부터 요약 정리된 것을 보면 안 된다. 스스로 파악하면시 개념 위주로 정리해야 한다. 사회·역사 과목은 폭넓은 지식을 요구하므로 새로운 용어가 나오면 자료를 찾아 정리하고 이해하는 습관을 들여야 한다. 그리고 이러한 용어가 낯설지 않도록 수시로 보면서 눈으로 기억해야 한다.

사회 · 역사 과목은 수업을 듣는 방식도 중요하다. 수업 중에는 필기보다 선생님의 설명을 이해하는 데 비중을 두어야 한다. 필기에 신경을 쓰다 보면 정작 흐름을 놓칠 수 있다. 따라서 집에서 가볍게 훑어보면서 예습을 하고, 수업 시간에 선생님이 강조하는 내용에 체크하면 된다. 복습하면서 참고해야 할 내용을 채워가는 방식이어야 한다.

사회 · 역사 공부

▶ 사회는 사료 돋보기, 탐구활동, 도움 글, 학습내용 확인하기를 꼼꼼히 챙긴다. 모두 본문 내용과 연결되는 학습내용이다.

▶ 역사는 몇 년에 어떤 사건이 일어났고, 누가 무슨 일을 했느냐보다는 전반적인 정치, 경제, 사회, 문화 등의 스토리를 구성해 관심을 가지고 시대별 사건들의 차이점과 공통점을 찾는 데 치중해야 한다.

▶ 교과서 좌우 여백에 용어의 개념을 정리한다. 그리고 교과서에 나오는 깊이 있는 역사, 대단원 마무리도 꼭 확인하자.

〈사회·역사 공부 아이템〉

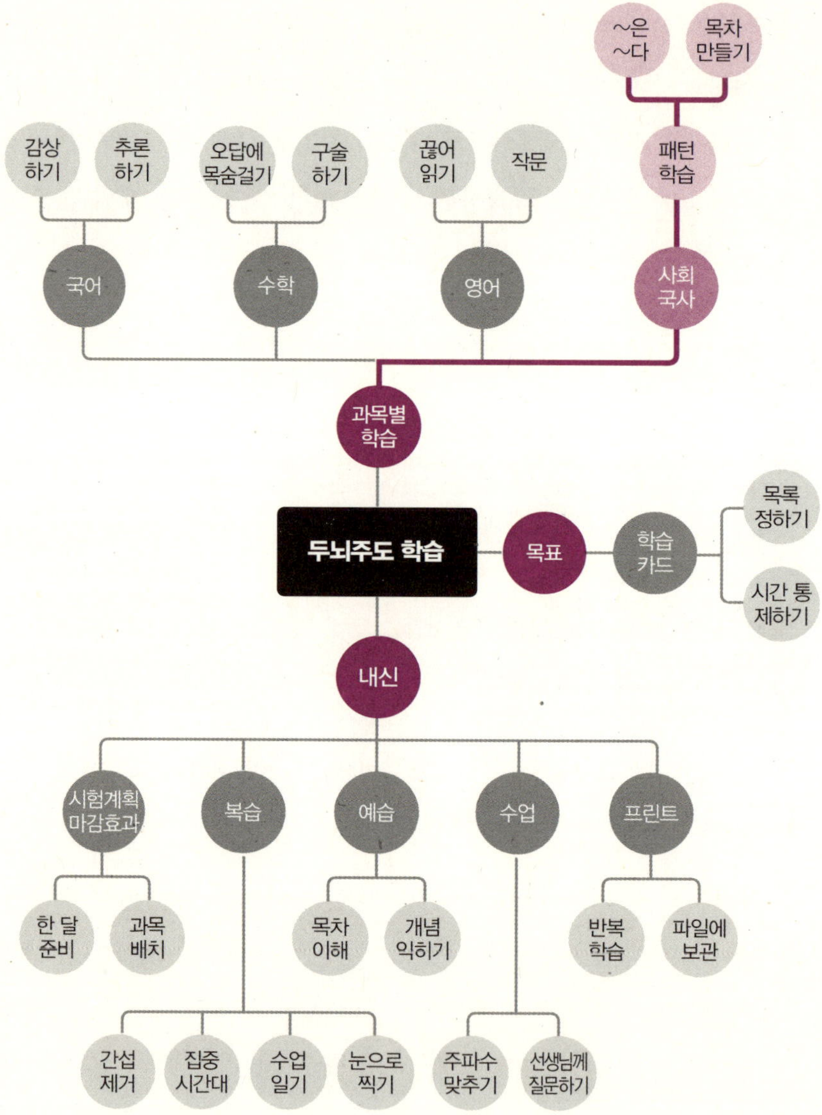

~은 ~다
목차 만들기
패턴 학습
사회 국사
감상 하기
추론 하기
오답에 목숨걸기
구술 하기
끊어 읽기
작문
국어
수학
영어
과목별 학습
두뇌주도 학습
목표
학습 카드
목록 정하기
시간 통제하기
내신
시험계획 마감효과
복습
예습
수업
프린트
한 달 준비
과목 배치
목차 이해
개념 익히기
반복 학습
파일에 보관
간섭 제거
집중 시간대
수업 일기
눈으로 찍기
주파수 맞추기
선생님께 질문하기

05
과학

이미지 해석을 충실하게 하자

과학 교과서는 이미지가 없는 페이지가 없을 정도로 그림과 사진이 많다. 딱딱한 활자 대신 사진과 그림을 본문에 많이 담고 있다. 두뇌는 항상 새로운 이미지에 관심을 쏟기 때문에 과학 교과서를 보면 그림과 사진에 눈이 먼저 간다.

상위권 이상 학생들과 중·하위권 학생들은 이미지를 대하는 태도에서 차이가 났다. 대체로 중·하위권 학생들은 그림이나 사진을 시각적으로 즐기기만 했다. 그리고 곧바로 사회·역사 과목을 공부하듯이 본문을 요점정리하고 암기하는 방법을 택한다. 하지만 상위권 이상 학생들은 달랐다. 그들은 이미지를 제목과 연결하고, 의미를 새기고, 그것을 다시 활자로 만들었다. 즉 보는 것으로 만족하지 않았다.

과학은 이미지의 학문이라고 할 수 있다. 과학에서는 이미지 자료 분석이 너무도 중요하므로 활자만큼이나 자주 생각하고 고민해야 한다. 이미지를 자주 보면서 나 자신이 이미지 해설가가 되어야 고득점을 올릴 수 있다.

(1) 과학 예습 방법 : 이미지의 의미를 파악하라

교과서 주제에 따라다니는 것이 학습목표이다. 보통 중단원이나 소단원마다 있다. 학습목표의 내용이 본문에서 반드시 이미지로 표현된다. 그 의미를 생각한 후에 본문을 읽어나가자. 본문 내용과 마찬가지로 특정 그림이나 사진이 왜 거기에 있는지 이해가 안 되는 이미지는 표시를 해 놓자. 예컨대 출판사마다 다소 차이는 있지만 물리편의 '에너지'를 보면 첫째 단원이 '힘과 에너지'이다. '힘과 에너지'의 첫 번째 주제가 '힘과 운동은 어떤 관계가 있을까?'이다. 주제 옆에 다음과 같이 학습목표가 적혀 있다.

▶ 힘의 종류와 효과에 대해서 알 수 있다.
▶ 물체에 힘이 작용할 때 운동 상태가 어떻게 변하는지 설명할 수 있다.

이처럼 교과서는 반드시 공부해야 할 내용을 학습목표로 제시한다. 이제 이 단원에서는 힘의 종류에는 어떤 것이 있고 그 효과는 무엇인지 반드시 알아야 한다. 그리고 물체에 힘이 작용할 때 운동 상태가 어떻게 변하는지 꼭 설명할 수 있어야 한다. 이 두 가지를 못하면 이 단원에서 절대 좋은 점수가 나올 수 없다. 그리고 본문을 보면 무려 여덟 개의 그림이 나온다.

예습하면서 여덟 개의 그림이 각각 어떤 종류의 힘을 나타내는지 생각하고 의미를 분석한다. 그림 옆에 의미를 적고, 이해가 안 되는 것은 물음표를 표시한다.

(2) 과학 복습 방법 : 개념을 충분히 이해하라

과학에는 다른 과목과는 다르게 실험이 있다. 그리고 실험은 항상 개념과 연결된다. 과학을 잘하기 위해서는 실험의 원인과 결과, 실험에 쓰이는 재료의 사용법, 사물의 현상을 능동적으로 파악하는 자세가 중요하다. 복습할 때 이러한 측면에 주의를 기울여서 정리해야 한다.

예습할 때 보았던 이미지를 충분히 이해하고 보충정리해야 한다. 실험 결과가 표나 그래프로 정리되지 않고 설명만 있으면 직접 표나 그래프를 그려서 정리하는 습관도 들여 보자.

과학 과목의 세부적 이해

▶ 화학은 여러 물질이 반응하여 새로운 물질이 생성되는 과정을 배우는 과목이다.

▶ 물리는 자연과학의 기초라 할 수 있고, 자연에서 볼 수 있는 규칙성을 관찰하고, 그것을 일반화하는 과목이다.

▶ 지구과학은 수학, 물리학, 화학 등 자연과학의 기초지식을 바탕으로 지구의 대기, 지질, 해양 및 천문 분야를 연구하는 과목이다.

▶ 생물은 신체를 익히고, 사람과 환경(식물, 동물, 자연계) 사이의 관계를 종합적으로 연관해서 배우는 과목이다.

그리고 또 하나 중요한 점은 본문의 실험내용을 실생활과 연관해 생각하는 것이다. 이러한 훈련은 몇 년 후에 치를 '수학능력시험'의 탄탄한 기초를 다진다.

과학 공부 아이템

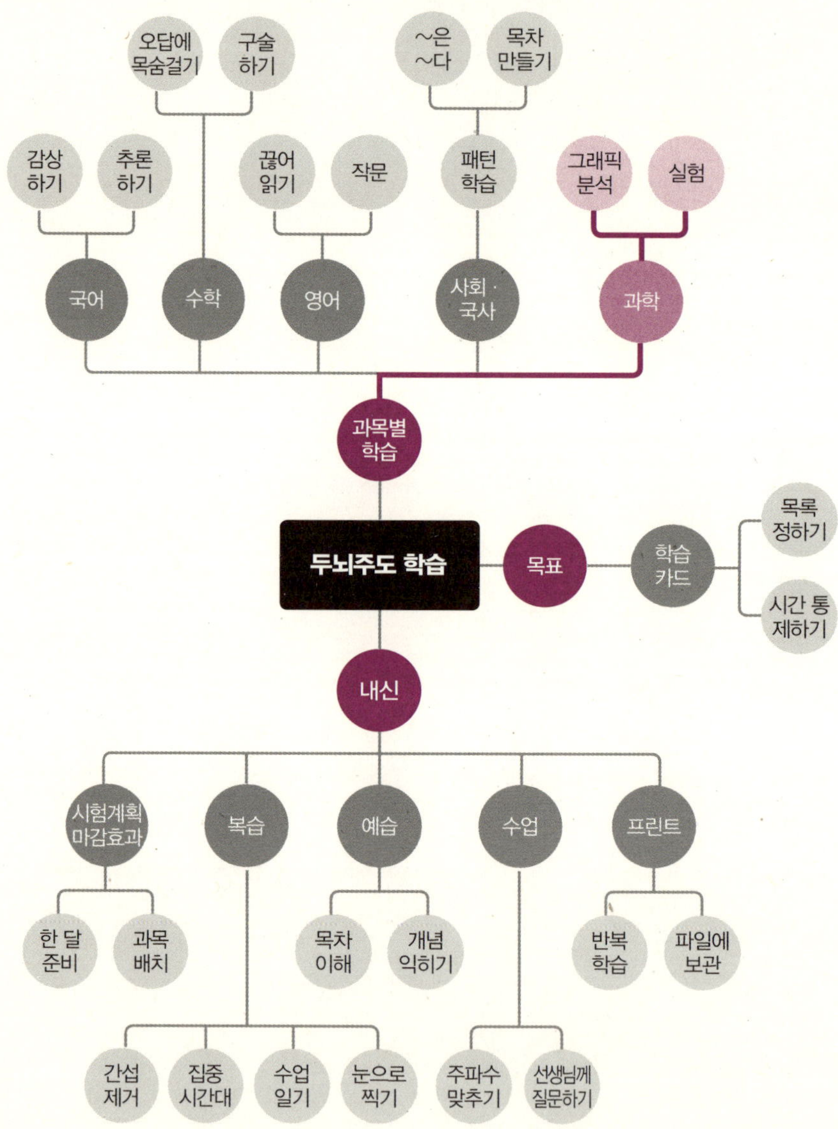
오답에 목숨걸기
구술 하기
~은 ~다
목차 만들기
감상 하기
추론 하기
끊어 읽기
작문
패턴 학습
그래픽 분석
실험
국어
수학
영어
사회·국사
과학
과목별 학습
두뇌주도 학습
목표
학습 카드
목록 정하기
시간 통제하기
내신
시험계획 마감효과
복습
예습
수업
프린트
한 달 준비
과목 배치
목차 이해
개념 익히기
반복 학습
파일에 보관
간섭 제거
집중 시간대
수업 일기
눈으로 찍기
주파수 맞추기
선생님께 질문하기

통합논술

독서를 많이 하고
깊이 있게 생각하기

　통합논술은 여러 출판사가 만든 교과서에서 다룬 다양한 내용의 지식을 모두 활용해서 써야 한다. 그렇다고 해서 전혀 배운 적이 없거나 수준이 높은 개념과 지식을 요구하는 것은 아니다. 지금 배우고 있는 교과서 수준의 개념과 내용만 잘 파악한다면 논술을 쓰기 위한 배경지식은 그것으로 충분하다. 그 대신 논리력, 분석력, 사고력, 독창성 등을 요구해 수능보다 훨씬 까다롭게 느껴진다.

　그러나 통합논술은 문제와 제시문을 잘 읽고 이해한 다음 자신의 생각을 논리적으로 적어내는, 정답이 없는 테스트이므로 어찌 보면 생각보다 더 쉬울 수도 있다. 학교 공부뿐만이 아니라 꾸준히 책을 읽는 학생들은 통합논술을 재미있게 받아들인다는 게 그 증거다.

　통합논술의 기본은 교과서와 독서다. 하지만 학생에게는 책 읽을 시간도, 독서 후 사색할 시간도 넉넉하지 않다. 학습량을 감당하기도 힘든데 각 학년 필독서를 모두 소화하는 게 가능할까? 하지만 아무리 어렵더라도 평소 꾸준히 독서 시간을 가지는 것이 필요하다. 또한 주말과 방학 때도 일정한 독서량을 확보해야 한다. 그렇다면 현실과 이상을 모두 만족시킬 수 있는 방법은 없을까?

필자의 경험에 의하면 열 권의 책을 무리하게 읽는 것보다 다섯 권의 책을 읽더라도 그것을 충분히 이해하고 자신의 것으로 만드는 일이 중요하다. 책을 완전히 소화하기 위해서는 독서할 때 메모하기, 정리하기, 느낌 표현하기의 3단계를 꼭 지키라고 당부하고 싶다. 책을 읽은 후 메모를 정리하면서 느꼈던 생각을 깊이 생각하고 글로 옮기는 습관을 가져야 한다.

필자는 책을 읽을 때, 목차를 훑어본 후에 '추천의 글', '책머리에' 등 본문 앞에 있는 내용을 주의 깊게 읽어본다. 그리고 제목이 무엇을 의미하는지 생각한다. 필자는 이 부분을 본문보다 더 자세히 파고든다. 이 부분만 잘 이해해도 책에 있는 정보의 절반을 가늠할 수 있다. 이것은 교과서의 목차, 길잡이, 학습목표를 강조하는 이유와 같다. 그런 다음에 본문을 읽는다.

『다빈치의 두뇌 사용법』이라는 책을 예로 들어보자. 필자는 본문을 읽기 전에 르네상스 시대의 천재 화가 다빈치가 어떻게 두뇌를 사용했을까 궁금했다. 우선 목차를 훑어본 다음에 추천사를 읽으며 번호를 매기면서 줄을 치고, 화살표로 연결을 표시하였다. 중요하다고 생각하는 부분에 표시하고 느낀 점도 기록하였다. 그런 후에 본문은 내용이 많기 때문에 필요한 내용만 파악하면 된다고 판단했다. 정리한 내용을 요약하면 다음과 같다.

● **다빈치의 두뇌 사용법 첫 번째**

다빈치는 익숙한 법칙에 항상 의문을 품었다. 공부하면서 "왜?" 하고 의문을 품은 것이나 꿈과 상상력의 영역으로 간주된 것이 다빈치의 손 안에서 재조립되었다는 이야기가 나온다. 또한 "이러한 의문이 그의 창조적 열정을 더욱 가능하게 했다."는 이야기가 뒤로 이어지면서 이를 뒷받침한다.

● **다빈치의 두뇌 사용법 두 번째**

다빈치의 예술과 과학은 결과적으로 인간과 자연을 연결하는 데 있다. 예술 + 과학 = 인간과 자연으로 귀결 → 나는 이 부분에서 느낀 점을 이렇게 적었다. "예술가의 궁극적 목적이 무엇인가를 알 수 있었다."

● **다빈치의 두뇌 사용법 세 번째**

다빈치는 자신의 생각을 메모와 기록으로 남겼다. 이는 40여 년 동안 쓴 3만여 쪽의 원고가 이를 증명한다.

위와 같이 정리한 것은 이 책을 다 읽은 후 책의 내용을 A4 용지 한 장으로 정리할 때 유용하게 쓰인다. 메모하면서 책을 읽으면 나중에 독후감 쓰기도 좋다. 독후감에는 책을 읽게 된 동기, 줄거리(메모한 것 정리하기), 느낀 점이 들어가야 한다. 줄거리에 치중하기보다는 느낀 점을 구체적이고 명확하게 표현해야 한다.

 논술을 잘하기 위해서는 자신의 주장을 확실히 펼칠 수 있는 논리력도 있어야 하고, 배경지식을 쌓기 위해 각 분야의 책도 읽어야 하며, 개요를 짜는 방법도 알아야 한다. 또한 각 과목별 논술을 잘하려면 누구에게 어떻게 베워야 하는지도 알아봐야 한다. 이렇게 알아야 할 것이 많아서 통합논술이라는 말만 들어도 골치가 아플 수 있다.

 필자는 새로운 책을 쓰고자 할 때 늘 같은 방식을 활용한다. 우선 새로운 책의 아이디어는 평소 관심이 많은 곳에서 나오게 마련이다. 그만큼 관련 분야에 대해 생각을 많이 한다는 뜻이다. 아이디어가 나오면 먼저 가제목을 떠올려 보고 내가 이 책에서 궁극적으로 주장하고 싶은 주제가 무엇인지 생각한다. 그리고 나서 목차를 구성하고, 여기에 간단한 설명을 단 후 본문을 본격적으로 적어 내려간다. 구성하다 보면 목차와 내용이 달라질 수도 있다. 1차적으로 원고가 마무리되면 퇴고하는 수정 작업을 거친다. 이런 일련의 과정이 바로 논술과 별반 다르지 않다.

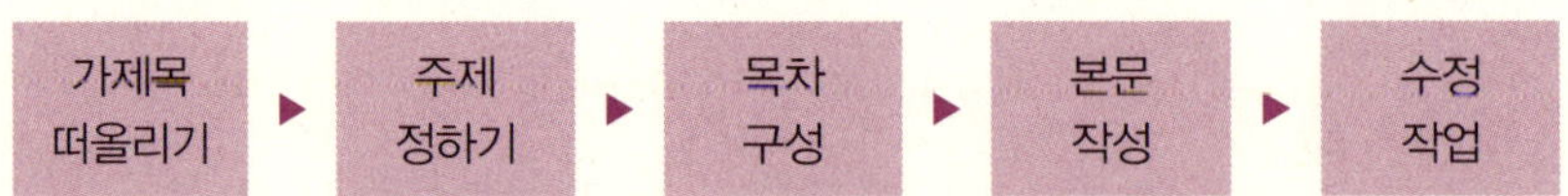

 자, 이제 걱정하지 말고 숨을 깊이 들이마셨다가 내쉬어보자. 마음을 가라앉히고 다음 훈련을 해 보자. 글을 쓸 때 가장 중요한 것은 '개요 짜기'이다. 이 방법만 알아도 논술에 대한 두려움이 많이

사라질 것이다.

　이제부터 '세대차이의 원인과 대책'이라는 제목으로 글을 쓰려고 한다. 여러분은 어떻게 할 것인가? 무엇부터 해야 한다고 생각하는가?

　첫째, 내가 여기에서 주장하고 싶은 내용을 끄집어내야 한다. 그것이 곧 주제다. 어떤 학생은 이렇게 주제를 정했다.

주제 (주장)	세대차이는 기성세대와 젊은 세대 간의 사회적 갈등을 일으키기 때문에 합리적 대책이 필요하다.

　둘째, 이렇게 주장을 이끌어 냈으면 목차를 구성한다. 서론, 본론, 결론의 3단계로 작성한다. 주장을 결론의 첫째 단락에 적는다.

서론	
본론	
결론	주장 : 세대차이는 기성세대와 젊은 세대 간의 사회적 갈등을 일으키기 때문에 합리적 대책이 필요하다.

셋째, 본론에 주장의 근거를 제시한다. '세대차이'의 원인에 대한 근거 두 개와 대책에 대한 근거 두 개다.

서론	
본론	원인 1. 사회의 빠른 변화를 받아들이지 못한다. 　　　 2. 나이에 대한 편견 때문이다. 대책 1. 서로를 이해하고 존중해야 한다. 　　　 2. 기성세대에 대한 교육이 필요하다.
결론	주장 : 세대차이는 기성세대와 젊은 세대 간의 사회적 갈등을 일으키기 때문에 합리적 대책이 필요하다.

넷째, 서론에서는 읽는 사람이 관심을 가지도록 내용을 소개한다.

서론	빠른 사회 변화로 세대차이와 관련된 문제가 제기되고 있다.
본론	원인 1. 사회의 빠른 변화를 받아들이지 못한다. 　　　 2. 나이에 대한 편견 때문이다. 대책 1. 서로를 이해하고 존중해야 한다. 　　　 2. 기성세대에 대한 교육이 필요하다.
결론	주장 : 세대차이는 기성세대와 젊은 세대 간의 사회적 갈등을 일으키기 때문에 합리적 대책이 필요하다.

다섯째, 이제 서론, 본론, 결론에 살을 붙여 보충한다. 살을 붙일 때는 서론부터 순서대로 보충하면 된다.

서론	빠른 사회변화로 세대차이와 관련된 문제가 제기되고 있다. 보충 : 경험 또는 사례를 제시하고, 주장에 대한 문제를 제기
본론	원인 1. 사회의 빠른 변화를 받아들이지 못한다. 　　　보충 : 근거에 대한 보충(부연) 설명 　　2. 나이에 대한 편견 때문이다. 　　　보충 : 근거에 대한 보충(부연) 설명 대책 1. 서로를 이해하고 존중해야 한다. 　　　보충 : 근거에 대한 보충(부연) 설명 　　2. 기성세대에 대한 교육이 필요하다. 　　　보충 : 근거에 대한 보충(부연) 설명
결론	주장 : 세대차이는 기성세대와 젊은 세대 간의 사회적 갈등을 일으키기 　　　때문에 합리적 대책이 필요하다. 보충 : 본론 요약(전망 제시)

여섯째, 보충한 내용을 읽으면서 퇴고(수정) 한다. 이때 글의 흐름, 주장의 논리성, 어법 등을 점검한다.

이상을 정리하면 '개요 짜기'는 결론, 본론, 서론의 순서대로 짜고, 살(보충)을 붙일 때는 서론, 본론, 결론의 순서대로 하면 된다.

논술을 잘하려면 평소에 문제의식을 가지고 어떤 주제에 대해서 생각하는 것이 중요하다. 그리고 목차를 자주 짜 보고 글을 만들면 된다. 생각도 하지 않고 손도 움직이지 않으면 논술 실력은 절대 늘지 않는다.

　앞에서도 얘기했듯이 통합논술의 기본은 교과서와 독서다. 따라서 교과서의 목차로 글 쓰는 훈련을 하면 학교 공부에도 도움이 되고 논술에도 긍정적인 영향을 미친다. 목차로 훈련할 때는 목차 사이의 연결고리를 잘 맺는 것이 중요하다. 그러기 위해서는 본문을 반복해 읽으면서 목차를 재구성하는 습관을 들여야 한다.

　글을 쓰는 부담을 줄이기 위해 글을 줄이거나 늘이는 훈련을 자주 해 보자.

　짧은 글을 읽고 줄거리를 작성한다. 그 줄거리를 반으로 줄인다. 그 내용을 다시 반으로 줄여 나중에는 한 문장으로 압축하는 훈련을 해 보자. 이것은 국어의 '비문학 공부법'에서 사용한 것이다.

　이번에는 단어 하나를 정해서 한 문장으로 만든다. 이것을 두 문장으로 늘이고, 더 늘려 문단으로 만든다. 예컨대 '환경오염'이라는 단어를 가지고 해 보자. 한 문단에는 하나의 주제만 들어 있어야 한다. 많은 정보를 넣으려 하지 말고, 내가 가지고 있는 생각을 쉽게 정리하자.

> 환경오염 → 환경오염으로 지구의 생태계가 위협받고 있다 → 환경오염이 심각하다. 그 중에서 인간에게 필요한 공기와 물의 오염이 심각하다. → 인간은 과학을 발달시켜 혜택을 누리고 있으나 그 부작용도 만만치 않다. 그것은 직접적으로 환경오염으로 나타난다. 그 중에서 공기와 물의 오염이 심각하다. 인간에게 없어서는 안 될 공기와 물을 보호할 수 있는 대책이 절실하다.

① **통합논술에 꼭 필요한 고전**

통합논술을 준비하는 데 중요한 고전은 꼭 읽어두어야 한다. 다음에 분야별로 나누어 정리했다. 여기에 수록한 작품 외에도 필독서, 선생님의 추천작 등을 메모했다가 틈틈이 읽자.

중·고생이 꼭 읽어야 할 고전

한국문학	동양문학
1. 국선생전 – 이규보	1. 초한지
2. 임진록 – 작자미상	2. 고문진보 – 굴원 외
3. 해방전후 – 이태준	3. 열국지
4. 토지 – 박경리	4. 중국 당대 소설선
5. 난장이가 쏘아올린 작은 공 – 조세희	5. 사기 – 사마천
6. 고전 읽기의 즐거움 – 정약용	6. 요재지이 – 포송령
7. 중학생이 읽어야할 시 – 구인환	7. 황금보트 – 타고르
8. 요한시집 – 장용학	8. 나는 고양이로소이다 – 나쓰메 소세키
9. 젊은 느티나무 – 강신재	9. 간디 자서전 – 간디
	10. 공안일기 – 루쉰
	11. 설국 – 가와바타 야스나리

사상편	
1. 명심보감	2. 순오지
3. 효경	4. 손자병법
5. 조학 – 주희	6. 명상록 – 아우렐리우스
7. 통치론 – 존 로크	8. 이것이냐 저것이냐 – 키르케고르
9. 인생론 – 쇼펜하우어	10. 아는 것으로부터의 자유 – 크리슈나무르티

서양문학 1	서양문학 2
1. 로미오와 줄리엣 – 셰익스피어	1. 검은 고양이 – 포
2. 젊은 베르테르의 슬픔 – 괴테	2. 두 도시 이야기 – 찰스 디킨스
3. 적과 흑 – 스탕달	3. 제인 에어 – 브론테
4. 대위의 딸 – 푸슈킨	4. 백경 – 멜빌
5. 죄와 벌 – 도스토예프스키	5. 여자의 일생 – 모파상
6. 쿠오디바스 – 시엔키에비치	6. 오 헨리 단편집 – 오 헨리
7. 좁은 문 – 지드	7. 닥터 지바고 – 파스테르나크
8. 달과 6펜스 – 몸	8. 대지 – 펄 벅
9. 데미안 – 헤세	9. 동물농장 – 조지 오웰
10. 변신 – 카프카	10. 바람과 함께 사라지다 – 미첼
11. 노인과 바다 – 헤밍웨이	11. 고도를 기다리며 – 베케트
12. 분노의 포도 – 스타인벡	12. 생의 한가운데 – 린저
13. 이방인 – 카뮈	13. 파리대왕 – 골딩
	14. 이반 데니소비치의 하루 – 솔제니친

② 수리논술

수리논술은 공식의 전개 과정과 증명 과정을 이해하면서 경우의 수(확률), 공간도형(기하), 작도 등의 내용이 사회, 과학, 경제 분야 등 실생활에 어떻게 응용되는지 알아야 한다. 교과서 예제와 탐구 활동 속에 나오는 수학적 개념과 원리를 적극적으로 활용한다. 생활수학이나 교과목과 관련된 수학 이야기책을 많이 접하면 도움이 된다.

수리논술에 도움이 되는 책

소설로 읽는 주니어수학 1, 2(마샤 러너, 폴 포글리노)

수학귀신(H. 엔첸스베르거)

흥미 있는 수학 이야기(이만근, 오은영)

수학의 유혹(강석진)

③ 과학논술

과학논술은 특히 실험과 관련해 알게 된 사실들을 현실과 연결하는 습관을 가져야 한다. 과학지식을 알려주는 『과학동아』, 『미래의 눈으로 다시 읽는 과학신문』, 『중·고생을 위한 과학 교과서 119』 등의 책을 비롯해 신문의 과학 연재란도 꼼꼼히 챙겨야 한다. 모든 학습이 그렇듯, 시간을 투자하지 않고는 결과가 제대로 나오지 않는다. 꼭 필요한 책을 읽어야 한다는 것을 알면서도 읽지 않은 것은 투자도 하지 않고 수익을 내려는 것과 같다.

④ 사회논술

　사회논술도 어려워하지 말고 생각나는 주제를 글로 만들면서 연습하면 익숙해진다. 하나의 사회적, 역사적 사건이 어떤 원인으로 일어났는지, 전개 과정을 비롯해 그것이 미친 영향을 스토리로 구성해서 써 보면 도움이 된다. 예컨대, 산업혁명이라면 산업혁명의 발생 원인, 발생 과정, 결과 등을 서론, 본론, 결론 형식으로 적어보는 것이다.

　한편, 논술 책마다 신문의 칼럼이나 사설을 강조하는 이유는, 칼럼이나 사설이 논설문 형식의 글이기 때문이다. 사설을 잘 들여다보면 주장에 대한 근거를 어떻게 제시했는지 보인다. 논술에서는 자신의 생각을 입증하는 근거를 제시하는 게 무엇보다 중요하기 때문에 그런 측면에서 유리하다.

글쓰기에 도움이 되는 책

무엇을 어떻게 쓸까(이오덕)

종이 위의 기적, 쓰면 이루어진다(헨리에트 앤 클라우저)

독해기술(장하늘)

〈논술 공부 아이템〉

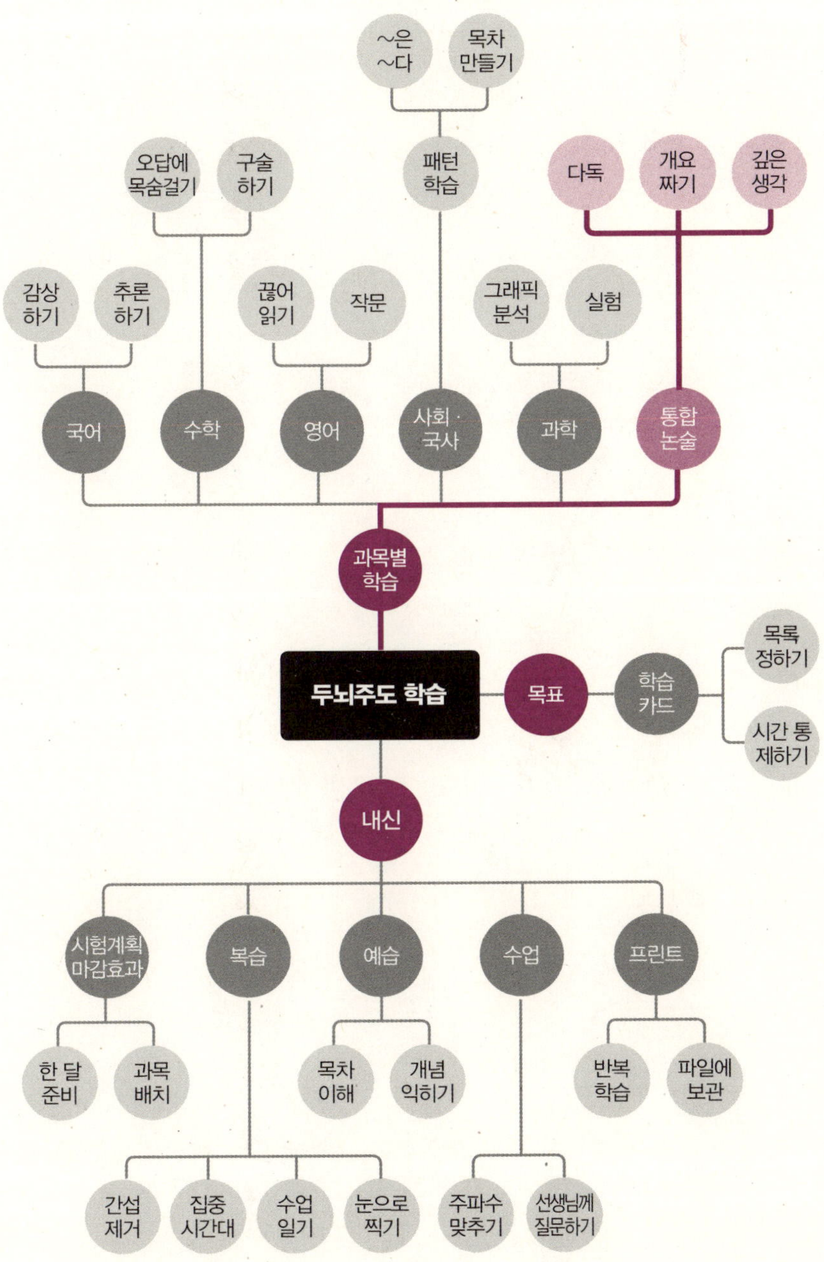

~은 ~다
목차 만들기
오답에 목숨걸기
구술 하기
패턴 학습
다독
개요 짜기
깊은 생각
감상 하기
추론 하기
끊어 읽기
작문
그래픽 분석
실험
국어
수학
영어
사회·국사
과학
통합 논술
과목별 학습
두뇌주도 학습
목표
학습 카드
목록 정하기
시간 통제하기
내신
시험계획 마감효과
복습
예습
수업
프린트
한 달 준비
과목 배치
목차 이해
개념 익히기
반복 학습
파일에 보관
간섭 제거
집중 시간대
수업 일기
눈으로 찍기
주파수 맞추기
선생님께 질문하기

제3장

성적 급상승
시크릿 노트 정리법

노트, 기적을 이루다
스터디 노트
성적을 쑥쑥 올리는 노트 정리법

노트,
기적을 이루다

몇 해 전 필자에게 자식의 교육 때문에 상담을 하러 온 어머니가 있었다. 그 어머니는 남편도 없이 당시 중학교 1학년 아들을 키우며 그저 아이가 건강하고 밝게 자라기만 바랐다. 그러던 어느 날, 아들이 첫 시험에서 50점 맞은 수학 시험지를 들고 왔다. 시험지를 본 어머니의 두 눈에는 눈물이 흘렀다. 아들의 성적 때문이라기보다는 아버지 없이 자라는 아들에게 다른 집 아이들처럼 뒷바라지를 해주지 못하는 것에 대한 미안함 때문이었다.

어머니는 혼자 집안 경제를 도맡았기 때문에 다른 부모처럼 아들을 제대로 교육시킬 수가 없었다. 아들이 어머니가 고생하는 것을 잘 이해하고 스스로 노력해서 공부하면 좋으련만 그렇지도 않았다.

하지만 누가 봐도 아들은 인성적인 면에서는 나무람이 없었고, 그것이 재산이라고 믿었던 어머니였다. 어머니는 50점이라고 적혀 있는 수학 시험지를 보면 볼수록 허탈해졌다. 아무리 자식의 공부에 욕심이 없더라도 가슴이 아팠다. 한 해에도 성적 때문에 몇 명이나 자살하고, 오직 공부만이 살길이라는 강박관념에 시달리는 아이들을 보며 자신의 아들만은 그렇게 키우지 않겠다고 다짐한 어머니였다. 내 아들의 숨통을 열어주고 즐거운 마음을 갖게 하는 것이 인생의 최고 가치라고 믿었는데 그것이 흔들렸다.

필자는 그 어머니에게 다음과 같이 조언해 주었다.

▶ 아드님이 기억력과 이해력이 부족한 것을 인정하고 시작하기
▶ 남들이 열 개를 공부하면 다섯 개부터 시작하기
▶ 공부를 잘 할 수 있다는 자신감을 심어주기
▶ 공부를 친한 친구처럼 느낄 수 있게 하기
▶ 공부를 눈이 아닌 두뇌로 하게 하기
▶ 공부일기를 쓰면서 개념을 이해하고 틀린 문제를 한 권의 노트에 모아 정리하기

이에 더해 필자는 그 아들이 매일 자신의 공부를 관리할 수 있도록 스터디 노트를 하나 만들어 주었다.

그 후 어머니는 아들이 집중해서 공부할 수 있는 환경을 만들고 공부에 흥미를 느낄 수 있도록 공부 체험수기 책을 사주기도 했다. 그리고 필자가 준 노트를 활용해서 스스로 공부할 수 있을 때까지 꾸준히 공부를 지도했다. 6개월 후에 그 아들이 수학 시험지를 들

고 왔다. 시험지에는 100점이라는 놀라운 점수와 함께 수학 선생님
의 메모가 적혀 있었다.

"저도 점수 보고 놀랐습니다. ○○이가 어느 순간부터 공부에 자신감
이 생겼고, 수업 시간에 몰라볼 정도로 집중력이 좋아졌어요. 좀처럼
보기 힘든 일입니다. 무슨 특별한 비법이라도 있었나 봅니다."

결국 아들을 믿어준 어머니의 순수한 마음과 정성어린 공부법이
효과를 본 것이다.

02

스터디 노트

필자가 만들어 주었던 스터디 노트를 설명하면 뒤에 나오는 표와 같다. 이처럼 스터디 노트를 정리하다 보면 다음과 같은 여러 가지 장점이 있다.

첫째, 스스로 정리하는 습관이 생긴다. 노트 정리에 목말라 있던 대다수 학생들에게 희망을 가져다준다. 노트 정리가 즐거워지면 공부에 재미가 붙는다.

둘째, 두뇌가 원하는 과학적인 공부법이다. 전체 보기부터 요점 정리까지 전체에서 부분으로 들어가면서 학습의 전 과정을 이해하고 습득하도록 만든다.

셋째, 문장력이 생기면서 서술하고 논술하는 준비가 자연스럽게 형성된다. 교과목과 논술을 따로 하는 것이 아니라, 스터디 노트로 정리하면서 글 쓰는 능력이 자연스럽게 향상된다.

　넷째, 중간, 기말고사를 완벽하게 대비해 성적을 올릴 수 있다. 공부하면서 나름대로 노력은 했는데, 그만큼 결과가 나오지 않는 경우 스터디 노트가 그것을 해결해 준다.

　스터디 노트 순서와 다음에 나오는 노트 정리법을 활용해서 효과적인 공부를 통해 성적이 쑥쑥 오르는 재미를 느껴보자.

스터디 노트 순서

Level	단계	두뇌가 원하는 정리 방법
예선	목차 정리	한판에 보는 전체 보기를 하면 우뇌가 개발된다. → 공부는 목차 파악이 먼저다.
16강	수업일기	수업 내용을 회상하면서 복습하면 기억률이 향상된다. → 영화를 감상하듯 이미지로 떠올리면서 적는 습관을 들인다.
8강	개념 정리	다른 사람에게 개념을 구체적으로 설명하면 사고력이 발달한다. → 중심내용을 정리하고 중요한 키워드를 메모한다.
4강	오답 정리	왜 틀렸고, 어떤 개념을 몰라 틀렸는지 파악해서 이해력을 높인다. → 틀린 문제는 완벽하게 풀 때까지 풀고 또 풀어야 한다.
결승	서술형	결과보다는 과거를 중시해서 문제 해결 능력을 기른다. → 학습목표, 목차를 한 편의 글로 서술하고, 시험문제를 직접 만든다.
우승	요점 정리	중요한 내용과 이해되지 않는 내용을 확실히 정리한다. → 중요한 내용 중에서 이해가 되는 내용과 이해가 부족한 내용을 구별하자.

03

성적을 쑥쑥 올리는
노트 정리법

노트 정리는 '목차 정리 → 수업일기 → 개념 정리 → 오답 정리 → 학습목표, 목차 서술하기, 문제 만들기 → 요점 정리' 순으로 진행된다. 이것이 두뇌가 원하는 공부법이다. 과학적 공부법은 전체를 먼저 보고, 수업 내용을 기억하고, 개념을 정리한 다음에 문제를 풀고 요점을 정리한다. 반면에 어리숙하게 공부하는 학생들은 이 과정을 거꾸로 한다. 요점 정리와 문제 풀이에 중점을 두고 개념 정리나 수업, 전체를 보는 습관을 소홀히 한다.

다음에 제시된 과정대로 노트를 정리히다가 자신에게 맞게 조금씩 방법을 바꾸면 된다. 여기에서 제시한 기본 틀을 유지하면서 노트를 정리해 보기 바란다. 그럼 이제부터 그 전체 과정을 좀 더 자세하게 살펴보자.

(1) 목차 정리(전체 보기) : 공부는 목차 정리가 가장 먼저다

목차 정리의 기본적인 틀을 소개하면 다음과 같다.

① 교과서 한 단원을 독서하듯이 읽는다. 수학의 경우 독서하듯
이 읽으면서 예문의 문제도 풀어보자. 못 풀어도 상관없다. 전
체가 어떻게 이루어졌는지만 파악하면 된다.

② 단원의 목차를 정리한다. 교과서 본문을 보면 번호가 있는 목
차가 있다. 한편으로 번호는 없어도 굵은 글씨로 된 것이 있다.
그것도 목차라고 생각하고 정리하자. 목차를 정리할 때 교과
서 목차를 그대로 따르지 말고 뺄 건 빼고 덧붙일 건 덧붙이는
유연한 자세가 필요하다.

③ 목차를 정리하고 나서 (소)목차 옆에 한 문장 정도로 압축해서
중심내용을 간략히 적는다. 중심내용을 적을 때는 교과서를
보면서 정리하자. 목차 정리를 할 때는 글씨만 적지 말고 목차
내용의 의미를 이해하면서 적어야 한다.

④ 가급적 한 단원이 한 페이지에 들어가도록 한다.

⑤ 목차의 순서를 나타내는 숫자는 들여쓰기를 하자. 들여쓰기를
하지 않고 똑같은 라인에 정렬하거나 의미 없이 정리하다 보
면 보기가 불편하다. 어차피 오른쪽은 끝나는 지점이 모두 다
르다. 왼쪽만 들여쓰기 하면 전체적으로 보기가 좋다.

⑥ 목차 정리를 한 다음에 이것을 한 줄로 정리한다. 각 (소)목차 내용을 통합해서 한 줄로 요약한다.

⑦ 목차를 정리하고 반드시 서너 번 정독한다. 그러면 전체가 한 눈에 들어온다. 한 단원이 어떻게 구성되었는지, 무엇을 공부해야 하는지도 알게 된다. 이제 두뇌 속에 한 단원의 밑그림이 안정적으로 자리잡는다. 이런 과정을 거치지 않고 바로 공부에 들어가면 두뇌가 혼란스러워 한다. 두뇌도 공부할 내용을 정리할 시간이 필요하다.

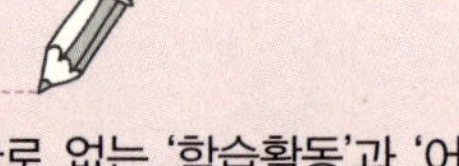

목차가 없는 것은?

국어에서 목차가 따로 없는 '학습활동'과 '어휘학습'의 경우 중심내용을 발췌해서 목차로 정리하자. 과학은 목차에 나오지 않는 실험 활동도 목차로 구성해야 한다.

목차 정리에 나쁜 방법

1. 소인수분해

1) 소인수분해

(1) 거듭제곱은 무엇일까?

(2) 소수와 합성수는 무엇일까?

(3) 소인수분해는 무엇일까? 또 자연수를 어떻게 소인수분해할까?

2) 최대공약수와 최소공배수

(1)최대공약수는 어떻게 구할 수 있을까?

(2)최소공배수는 어떻게 구할 수 있을까?

목차 정리에 좋은 방법

1. 소인수분해

  1) 소인수분해

    (1) 거듭제곱은 무엇일까?

    (2) 소수와 합성수는 무엇일까?

    (3) 소인수분해는 무엇일까? 또 자연수를 어떻게 소인수분해할까?

  2) 최대공약수와 최소공배수

    (1) 최대공약수는 어떻게 구할 수 있을까?

    (2) 최소공배수는 어떻게 구할 수 있을까?

(2) 수업일기 : 영화를 보듯 이미지로 떠올리면서 적는다

노트를 T자형 노트처럼 좌·우로 나눈다.

왼쪽

수업 시간을 떠올리며 기억나는 내용을 적는다.

① 1교시부터 선생님이 들어와서 나갈 때까지 수업 시간을 떠올린다 (진도를 나간 수업)

② 수업 제목을 비롯해서 기본적으로 파악할 개념이 무엇인지 개요를 적는다.

③ 처음 한 달 동안은 일기를 쓰듯이 적고, 익숙해지면 목차를 구성해서 적어도 좋다.

④ 생각해볼 점, 꼭 기억해야 할 내용, 기억이 잘 안 나는 부분은 메모를 한다.
* 가끔 지루할 때는 수업 내용뿐 아니라 선생님이 입고 있던 옷 모양, 색깔, 내 짝꿍의 행동 등도 생각하면 재미있다.

오른 쪽

수업 일기를 쓴 후에, 교과서와 자습서를 보면서 부족한 부분을 정리한다.

① 회상하면서 기억이 잘 나지 않았던 내용을 정리한다.

② 선생님이 강조한 내용과 이해가 안 갔던 내용을 메모한다. 잘 아는 내용은 생략한다.

③ 수업 내용에 해당하는 부분의 문제를 풀면서 확실히 이해한다. 오답노트 작성을 위해서 틀린 문제는 반드시 번호에 표시한다. (?, △, /)

④ 노트를 그냥 덮지 말고 다시 훑어보면서 두뇌에 쏙 집어넣는다.

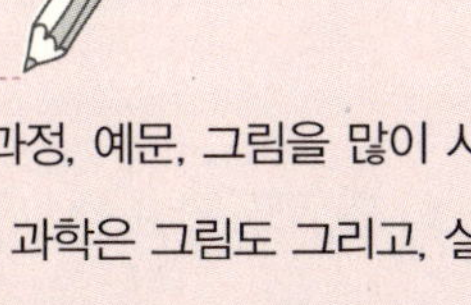

수학은 숫자, 공식, 풀이 과정, 예문, 그림을 많이 사용한다. 사회는 도표를 이용해 정리하면 보기 편하다. 과학은 그림도 그리고, 실험 과정이나 결과를 꼭 정리하자. 실험도구가 어떻게 쓰이는지도 알아야 한다. 영어는 틀려도 좋으니까 영어로 적는 훈련을 많이 하자. 나중에 교과서나 자습서를 보고 수정하면 된다. 수정할 때 틀린 내용을 그대로 놔두자. 그래야 나중에 다시 보면 두뇌가 잘 기억한다. 이것은 다른 과목도 마찬가지다.

(3) 개념 정리 : 중심어휘를 뽑고 그 중에서 핵심 개념을 정리한다

공부한 내용이 잘 떠오르고, 각 내용이 잘 연결되려면 이러한 역할을 할 무엇이 필요하다. 그것이 바로 개념 정리이다. 개념 정리를 잘하기 위해서는 우선 교과서를 여러 번 읽고 중심어휘를 뽑는 훈련이 필요하다.

① 교과서를 읽으면서 중요하게 생각되는 어휘를 괄호로 묶는다. 그리고 중요한 부분에 별표를 그리거나 빨간펜으로 밑줄을 긋는다. 이해가 잘 안 되는 어휘는 물음표로 표시한다.

② 교과서를 덮고 3분 동안 생각나는 어휘를 적는다. 처음에는 몇 개 못 적지만 훈련을 꾸준히 하면 기억되는 어휘의 양이 점점 많아진다.

③ 다 적었으면 교과서를 펼친다. 교과서를 보면서 미처 적지 못한 중심어휘를 다시 채워 넣는다. 가능하면 많이 채워 넣는다.

④ 충분히 이해가 되고 설명이 가능한 어휘는 사선을 그어 삭제
한다.

⑤ 중심 어휘를 정리한 다음, 꼭 필요한 개념을 정리한다. 개념정
리는 예를 들거나 비유를 통해 쉽게 설명한다. 관련 개념이 있
으면 그것도 설명해준다. 영어는 어휘를 먼저 정리한 다음, 각
단원마다 알아야 하는 문법의 개념을 정리한다.

과목마다 정리한 어휘는 주기적으로 보면서 줄거리를 연상하는 데 사용하자.

(4) 오답노트 : 틀린 내용을 찾아 완벽하게 풀 때까지 풀고 또 푼다

오답을 정리하면 내가 이해하지 못한 부분을 찾고 왜 틀렸는지
알 수 있다. 그러다 보면 자연히 비슷한 유형의 문제에서 실수를 줄
일 수 있으므로 틀린 문제는 반드시 표시하고 정리한다.

대체로 학생들은 오답을 정리할 때 풀이 과정만 적는다. 이것은
올바른 오답 정리가 아니다. 왜 이 문제를 틀렸는지, 어떤 개념과
내용을 몰랐는지를 반드시 짚고 넘어가야 한다. 물 흐르듯 자연스
럽게 이해할 때까지 반복해서 익혀야 한다.

오답노트 정리법

① 한 페이지를 세로로 이등분한다.

② 왼쪽에는 문제를 적는다.

③ 오른쪽 위에는 오답과 정답을 적은 후 무엇을 맞고 틀렸는지, 혹은 문제와 관련해 알아야 할 내용을 보충한다. 아래 칸에는 어떤 부분을 몰라 틀렸는지, 왜 오답을 골랐는지 적는다.

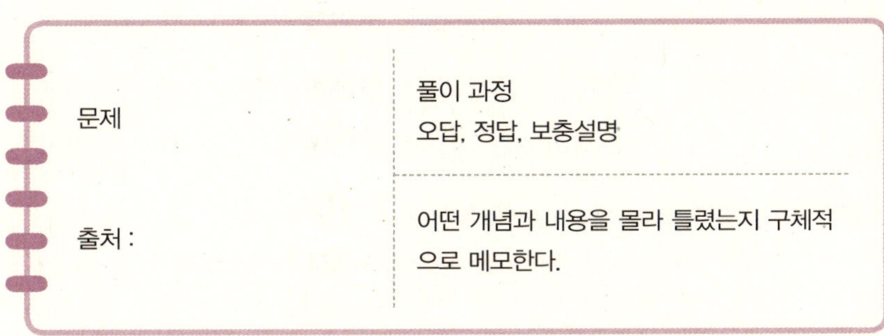

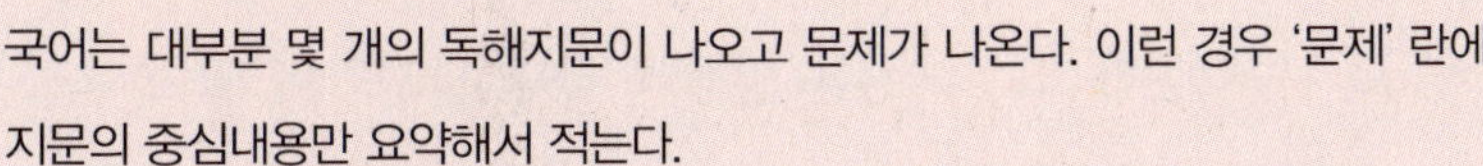

국어와 영어 오답노트 정리법

국어는 대부분 몇 개의 독해지문이 나오고 문제가 나온다. 이런 경우 '문제' 란에 지문의 중심내용만 요약해서 적는다.

영어는 독해지문을 통해 내용을 파악하거나, 순수하게 독해를 하는 문제는 오답노트에 적지 말고 정확히 이해하고 넘어간다. 문법 관련 문제 등 필요하다고 생각하는 내용만 적절히 정리한다.

(5) 서술형 완벽 대비 : 학습목표와 목차를 글로 완성하고 문제를 직접 만든다

　서술 훈련은 두 단계로 진행한다. 전체 보기에서 만든 학습목표나 목차를 다시 한 번 활용한다. 목차로 예를 들면 정리한 목차를 한 편의 글로 서술한다. 각각의 분리된 목차를 잘 이어서 자연스러운 글로 완성한다. 단문을 사용하고, 단락(문단)을 나누어 써 본다. 이렇게 글로 만들면 본문의 전체 내용이 두뇌에 확실히 자리 잡는다. 서술형 워밍업(warming up) 과정이라고 생각하자.

　그 다음 서술형 문제를 열 개씩 만들어 보자. 교과서를 보면서 어떤 부분에서 어떤 문제가 시험에 나올지 뽑아 보자. 문제를 만들다 보면 서술형 문제의 해결방법을 저절로 고민하게 된다. 무엇보다 교과서 내용을 한 번이라도 더 들여다보니까 이보다 좋은 것이 없다.

　스스로 문제를 만드는 훈련을 열심히 하면 사고력이 좋아져 공부에 더욱 흥미를 갖게 된다. 한 단원에 열 문제씩만 만들어보자. 문제를 만든 다음에 서술형으로 답을 만들어야 한다. 이런 훈련을 하면 시험이 두려워지지 않게 된다.

(6) 요점 정리 : 중요한 내용 중에서 이해가 되는 것과 이해가 부족한 내용을 구분하자.

많은 학생이 공부하면서 지금까지의 과정을 무시하고 자습서나 문제집에 있는 요점 정리와 문제 풀이에 매달린다. 이것은 예선이나 본선도 치르지 않고 우승부터 하겠다는 욕심이다. 이렇게 하면 두뇌는 공부 내용을 잘 이해하지 못할뿐더러, 무엇을 어디에 저장해야 할지 몰라 혼란을 겪는다.

자, 이제 지금까지 공부한 내용 중에서 중요한 것과 중요하지 않은 것을 구별하자. 중요한 내용의 기준은 한 번에 이해되지 않는 것이라고 정하자. 상위권에 들지 못하는 학생들의 허점은 이해하지 못한 내용을 이해한 것처럼 넘어가는 데 있다. 중요한 내용 중에서 이해가 완벽하게 되는 것과 이해가 부족한 것을 정확히 구별하는 능력을 키우자.

요점 정리를 위한 '중요'와 '이해'

	중요한 내용	중요하지 않은 내용
이해 완벽	교과서, 수업일기, 개념 정리, 서술하기를 보며 정리한다.	
이해 부족	오답노트를 다시 보며 정리한다.	

요점 정리를 잘하는 학생은 공부하면서 중요한 내용을 잘 찾아 꼭 필요한 내용만 적는다. 불필요하거나 반복되는 내용, 부가적으

로 나온 내용은 삭제한다. 또한 이해하지 못한 내용을 이해한 것처럼 넘어가는 법이 없다. 조금이라도 의심 가는 내용은 체크해서 반드시 정리하자.

① 아무리 강조해도 지나치지 않는 '중심내용 찾기'의 중요성

두뇌 속에 확실히 자리잡을 수 있도록 다시 정리해 보자. 일단 처음부터 습관을 잘 들여야 한다. 교과서와 자습서를 보면서 중요한 어휘는 괄호로 묶고, 중요한 내용에 별표를 사용하고, 밑줄을 긋는 습관을 들이자. 그것을 연결한 것이 바로 중심내용이 된다.

요점을 정리하는 데 능숙한 학생과 미숙한 학생의 차이점은 중심내용의 중요한 정보, 글의 구조 등을 잘 파악하느냐에 있다. 요점을 잘 찾아 정리하지 않으면 공부는 실패한 것과 다름없다. 글에 제시된 정보를 압축하고 요점을 잘 찾아내야 한다.

교과서 내용의 요약 순서

가지를 치면서 중심단어와 중심내용에
줄긋고 표시하기

↓

알기 쉽게 메모하기

↓

이미지로 정리하기
image mapping

② 국어 요약 연습

<문학의 즐거움 中 단원의 길잡이>

“지예야, 너 지금 뭐하니?”

조용히 책을 읽고 있는 지예에게 승호가 다가서며 물었다.

“응, 책 읽고 있어.”

“어디 보자, 어, 소설책이네. 이런 책 재미있니?”

“응, 재미있어.”

“어유, 소설 읽는 게 재미있다고! 나 같으면 그 시간에 차라리 컴퓨터 오락을 하겠다.”

“글쎄, 컴퓨터 오락도 재미있지만, (소설)이나 (시)에는 컴퓨터 오락과는 또 다른 재미가 있지.”

“그래? 그 재미란 게 도대체 뭐야?”

“응, 그건 말이야……, 음……, 음……, 하여튼 있어.”

지예는 승호에게 (문학작품)을 읽는 재미를 설명해 주려고 하지만, 이를 제대로 표현하지 못하고 있다. 승호의 물음에 여러분은 어떻게 답하겠는가? 잠깐 그 물음에 대하여 생각해 보고, 계속해서 다음 글을 읽어 보자.

이제 어린 시절 할머니가 들려주시던 예날 이야기에서 그 답의 실마리를 한번 찾아보자

“옛날 아주 먼 옛날, 어느 깊은 산골에…….”

어린 시절, 할머니께 재미있는 이야기를 해달라고 졸라 대면 할머니께서는 으레 이런 말로 구수한 옛이야기를 시작하고는 하셨다. 할머니의 이야기를 들으며 우리는 이야기 속 세상을 나름대로 상상해 보기도 하고, 마치 내가 이야기 속의 주인공이 된 것 같은 착각에 빠지기도 했다. 그래서 주인공에게 힘든 일이 생기기라도 하면 마치 내가 그런 시련을 당하는 것처럼 가슴 아파하고, 주인공이 과연 이 역경을 어떻게 헤쳐 나갈까 조바심도 냈다. 이야기가 끝나갈 무렵, 주인공이 온갖 고난을 견디고 마침내 복을 받게 되면, 그때서야 안도의 숨을 내쉬면서 ‘그래, 나도 주인공처럼 그렇게 시련에 굴하지 않고 살아야지.’ 하고 마음속으로 다짐해 보기도 했다. 이것이 바로 소설이나 옛날이야기를 읽는 즐거움

이라고 할 수 있다. ★(소설 읽는 즐거움)

그렇다면 (수필)이나 (시)를 읽는 즐거움은 뭐라고 할 수 있을까? 우선 수필에 대해서 생각해 보자. 수필은 소설과 같은 (산문)이지만, 꾸며서 쓴 글이 아니라 글쓴이가 실제로 겪은 일이나 자신의 생각을 적은 글이다. 그래서 수필은 읽다 보면 글쓴이가 겪은 일에서 잔잔한 감동을 받기도 하고, 글쓴이의 생각에서 삶에 보탬이 되는 깨달음을 얻기도 한다. 이런 점이 수필을 읽는 즐거움이라고 할 수 있다. ★(수필 읽는 즐거움)

한편, (시)는 (운문)이기 때문에 소설이나 수필과 같은 산문을 읽을 때와는 또 다른 재미가 있다. 즉 운문이기 때문에 노래를 부르는 것과 같은 말의 리듬을 느껴가며 읽을 수 있다는 점, 또 길게 풀어서 써야 할 말을 짧게 줄여서 나타내기 때문에 압축된 뜻을 상상력으로 풀어 가며 읽을 수 있다는 점 등이 시를 읽는 즐거움이라고 할 수 있다. ★(시 읽는 즐거움)

이 단원에서는 시, 옛날이야기, 수필, 소설 등 다양한 문학작품을 제시하였다. 이 작품들을 읽으면서 문학의 즐거움이 무엇인지 직접 느껴보기 바란다. '보충·심화'에도 여러 편의 문학작품을 수록해 놓았다. 그 중에서 여러분이 읽고 싶은 작품을 골라 읽으면서 재미를 찾아보자

무엇에 대한 내용인가? 소설, 수필, 시와 같은 문학작품을 읽는 즐거움이다.

앞의 글을 요약해서 이미지의 한 형태인 표로 나타내면 다음과 같다.

① 문학작품에 대한 표현
소설이나 시는 컴퓨터 오락과는
다른 어떤 재미가 있을까?

② 소설, 옛날이야기를 읽는 즐거움
이야기 속의 주인공이 된 것 같
은 상상. 기쁨, 슬픔이 느껴짐. 읽
은 후 주인공처럼 살고 싶은 생
각 → 교훈

③ 수필을 읽는 즐거움
글쓴이가 겪은 일에서 잔잔한 재
미와 감동을 받음. 글쓴이의 생각
에서 삶에 보탬이 되는 깨달음을
얻음.

④ 시를 읽는 즐거움
노래를 부르는 것과 같은 말의
리듬이 느껴짐. 길게 풀어서 써야
할 말을 짧게 줄여서 나타내기
때문에 압축된 뜻을 헤아리며 읽
어야 함.

③ 수학 요약 연습

교과서에 나오는 평행사변형에 대해서 요약해 보자. 평행사변형
의 개념만 정리하는 데 그쳐서는 안 된다. 요약은 종합적으로 이루
어져야 한다. 평행사변형의 상위개념은 무엇인가? 바로 '도형'이다.
평행사변형의 성질도 알아야 하고, 다른 도형과의 관계도 알아야
한다. 그리고 이것을 알아보기 쉽게 표로 정리해 보자.

1. 평행사변형의 개념 : 두 쌍의 마주보는 변이 각각 평행하다.

2. 평행사변형의 성질 : 두 쌍의 대변의 길이가 같고, 두 쌍의 대각의 크기가 각
   각 같으며, 두 대각선이 서로 다른 대각선을 이등분한다.

3. 다른 도형들과의 관계
   직사각형의 정의 : 네 각의 크기가 모두 같은 사각형.
   정사각형의 정의 : 네 각의 크기가 같고, 네 변의 길이가 같다.
   마름모의 정의 : 네 변의 길이가 같다.
   사다리꼴의 정의 : 한 쌍의 변이 평행하다.

   이것을 그림으로 나타내면 다음과 같다.

<사각형 사이의 포함 관계>

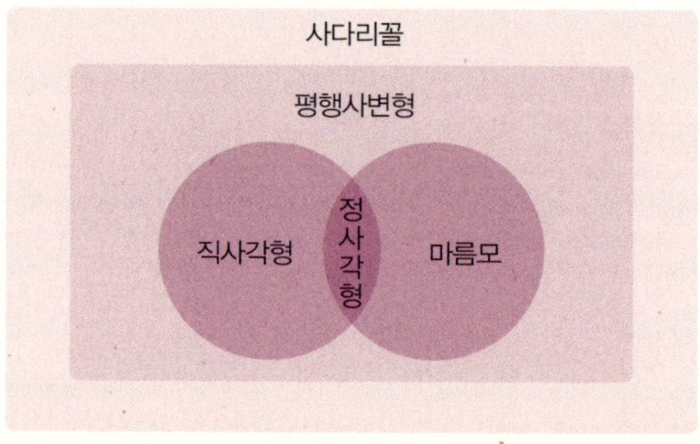

특목고생 인터뷰

이렇게 공부해야 목표를 이룰 수 있다

이하연 양은 고양외고에 합격한 2012년 중학교 3학년 겨울방학 때 인터뷰를 진행했었다. 외고생활 2년을 돌아보며 2014년 11월 8일 압구정역 커피숍에서 다시 만났다.

하연 양은 중학교 3학년 때도 얼굴이 밝았었는데 공부에 지치지 않고 여전히 밝아 보였다. 중학교 때와 비교해서 외고생활이 어떠냐고 했더니, 힘들지만 열심히 한다고 했다. 친구들도 공부 열심히 하냐고 물었더니, 다음과 같은 대답이 돌아온다.

"당연하죠. 정말 열심히 해요. 중학교 때는 다들 공부 잘한다는 친구들인데, 그런 친구들만 모아 놓으니까 힘들어 하기긴 해요. 그래도 열심히들 하고 있어요."

하루에 잠은 몇 시간 자느냐고 물었다.

"저는 좀 일찍 자는 편이에요. 11시쯤 자고 4시 30분에 일어나서 공부해요. 저 같은 경우, 아침 공부가 훨씬 잘 돼요."

아침 공부 외에 하루에 공부 시간은 많지 않았다. 학교 수업이 10교시까지 있고, 6시에 저녁을 먹는다. 7시부터가 시간이 있는데 그마저도 1시간 30분 정도는 자유 활동을 해서 실질적으로 야자 활동은 한 시간 정도뿐이라고 했다. 그래도 노는 시간 없이 시간 날 때마다 책을 든다고 했다.

학원은 다니느냐고 물었다.

"저는 학원 안 다녀요. 부모님에게 손 안 벌리려고 혼자 공부하고 있어요."

필자를 놀라게 만들었다. 하연 양이 철이 많이 들었다고 생각했다. 학원 안 다니면 불리한 점이 많지만, 그래도 혼자서 열심히 하고 있다며 씩 웃었다.

본격적으로 외고 생활과 공부법에 대해서 들어 보았다.

Q 공부를 잘하기 위해서 가장 필요한 두 가지를 꼽으라면 무엇이고, 그 이유는 무엇인가요?

A 첫째는 믿음이라고 생각해요. 세상에는 나보다 잘하는 사람이 정말 많고 그런 사람들 속에서 나 자신은 정말 초라해 보일 수 있어요. 하지만 나는 할 수 있다는 믿음, 성장할 거라는 믿음, 내게도 남들보다 뛰어난 능력이 있다는 그런 믿음만 있으면 쓰러져도 다시 일어날 수 있다고 생각해요.

두 번째는 창의력이에요. 공부는 영악하고 요령 있게 해야 한다고 생각해요. 단순하고 기계처럼 한다는 것은 늘 칭찬받는 일이 아니죠. 창의력을 발휘해 언제나 나에게 맞는, 재미있는, 효과적인 공부법을 개발해 나가려고 노력해야지 남들의 공부법을 식상하게 따라하는 것으로는 절대 원하는 자리까지 갈 수 없어요.

Q 예습은 어떤 때에 하고 무엇에 중점을 두나요?

A 어려운 수업을 듣기 전에 교과서나 유인물을 한 번 정도 읽어 보죠. 예습하면서 중점을 두는 것은 흐름이나 기본 원리를 파악하는 것, 수업에 재미를 붙이려고 애를 써요.

Q 수업 시간에 강조하는 것이 있다면?

A 집중해야 하고 동시에 필기도 잘해야 해요. 하지만 필기 때문에 집중하지 않는 것은 위험하죠. 복습이 필요한 내용들을 중심으로 체크하고 메모하면서 선생님 설명에 집중해야 해요.

Q 복습은 어떤 방법으로 하고 있나요?

A 일단 이해하는 것이 최우선이고 그 다음에는 회독이죠. 예를 들어 국어의 경우에 선생님의 설명을 빠짐없이 교과서에 정리해서 교과

서로 단권화해요. 교과서를 2회독 하고 자습서를 1회독해요. 이런 방식으로 시험 때까지 무한 반복하죠. 횟수가 많을수록 100점 맞는 확률도 높아지거든요. 저도 이런 방식으로 해서 이번 시험에 효과 좀 봤어요. 충분히 회독한 다음에는 문제를 풀고 오답을 확인해요. 거의 이런 식으로 반복하죠.

Q 공부하는 학생으로서 효율적인 시간 관리가 필요한데, 시간 관리는 어떻게 하고 있나요?

A 최우선적으로 수업 시간에 집중함으로써, 나중에 이해하기 위해 쓴는 시간을 줄이는 거예요. 이해 안 가는 내용은 쉬는 시간을 주로 이용해서 해결하죠. 수행평가는 스쿨버스나 지하철 안에서 틈틈이 해요.

Q 시험을 잘 보는 요령 그리고 시험 계획을 어떻게 세우고 공부하는지 설명해 주세요.

A 저 같은 경우, 시험을 잘 보기 위해 길게 보는 편이에요. 이번 한 번의 시험에 목숨을 걸지 않는 거죠. 이번 시험을 다음 단계로 가는 성장과정이라고 생각하며 공부해요. 하나의 연습 절차로 본다면 긴장도 안 되고, 혹시 성적이 원하는 대로 안 나오더라도 실망하거나 좌절하지 않아요. 이것은 제가 치열하게 경쟁하는 과정 속에서 깨달은 거예요. 과도한 경쟁 스트레스는 점수를 깎아먹는다는 것을 알았거든요.

시험 계획을 세울 때 가장 중요한 것은 100점 맞도록 세우는 거예요. 100점을 맞으려면 어떻게 해야 할지 완벽한 계획을 세우고, 내가 얼마큼 실행했는지 꼭 확인해야 해요. 제대로 노력했다면 실행률과 점수는 정비례한다고 생각하죠. 경험상 이것은 너무도 신기하게 딱 맞았어요.

저는 한 자습서에 나와 있는 문제를 반복해서 푸는 편이에요. 예를 들어 국어 자습서에서 개념을 꼼꼼하게 공부한 다음에 아래에 나와 있는 문제를 풀어요. 선택지를 하나하나 분석하는 거죠. 그리고 메모를 해 둬요. 흔히 친구들은 틀린 문제를 중점적으로 보고 맞은 문제는 그냥 넘어가는데, 저는 맞은 문제도 다시 보면서 생각해요.

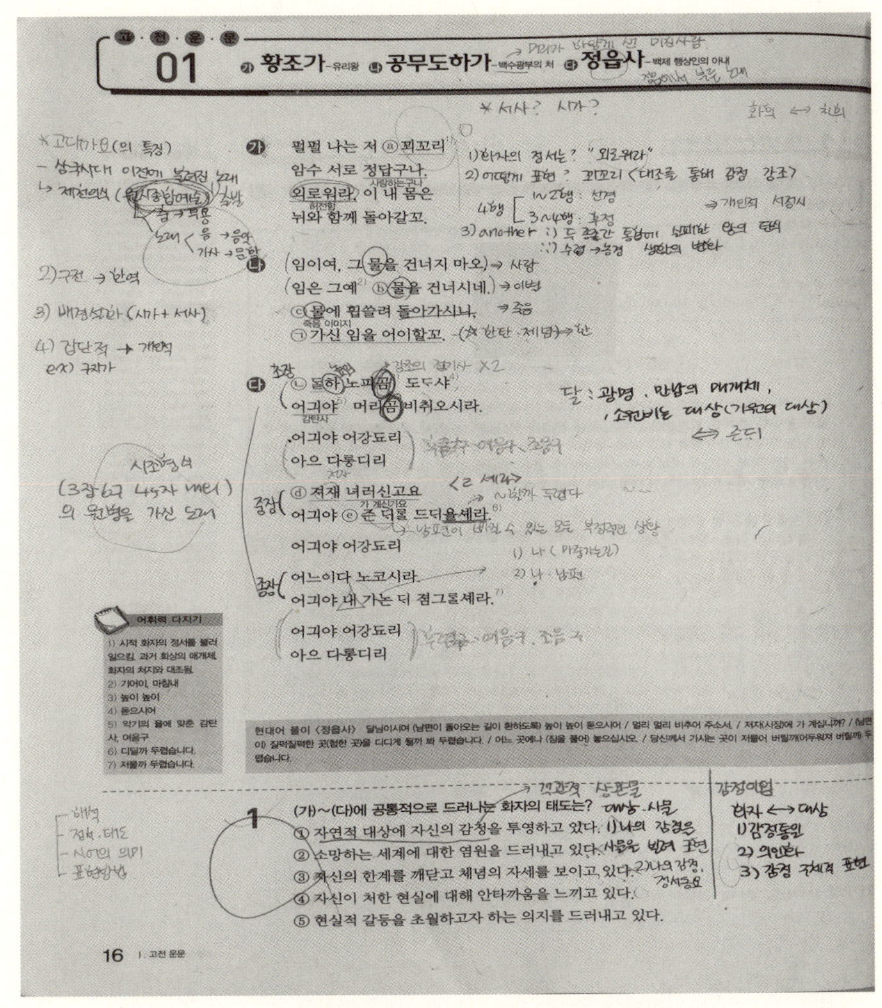

〈문두환, 김상용, 고전문학 특강, p16, (주)교학사〉

 노트에 정리하는 과목은 무슨 과목이고, 교과서에 정리하는 과목은 무슨 과목인가요? 그 이유는 무엇인가요?

A 노트에 정리하는 과목은 과학인데, 과학은 이해가 안 되는 내용이 많기 때문이에요. 인터넷으로 검색해서 동영상이나 이미지 자료를 더 참고해서 정리하면 시험에 도움이 많이 돼요. 나머지 과목은 주로 교과서에 정리하는데, 특히 한국사와 국어는 전체적인 흐름을 파악하고 회독하기에 효과적이어서 좋아요.

다음은 국어 교과서로 단권화 한 거예요. 선생님 설명을 비롯해서 꾸준히 복습하면서 정리하고 더 보충할 내용들은 포스트잇을 활용하죠.

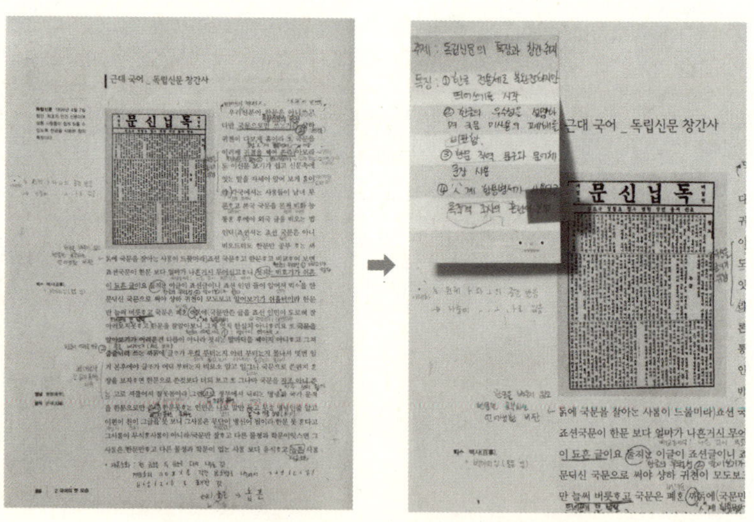

〈김종철 외 9인, 고등국어(하), p88, 2010, (주)천재교육〉

A 과학 같이 이해하기 어려운 내용이 다수인 경우에 이렇게 정리해요.
일단 여기 보여 드리는 것처럼 교과서에 필기를 해요.

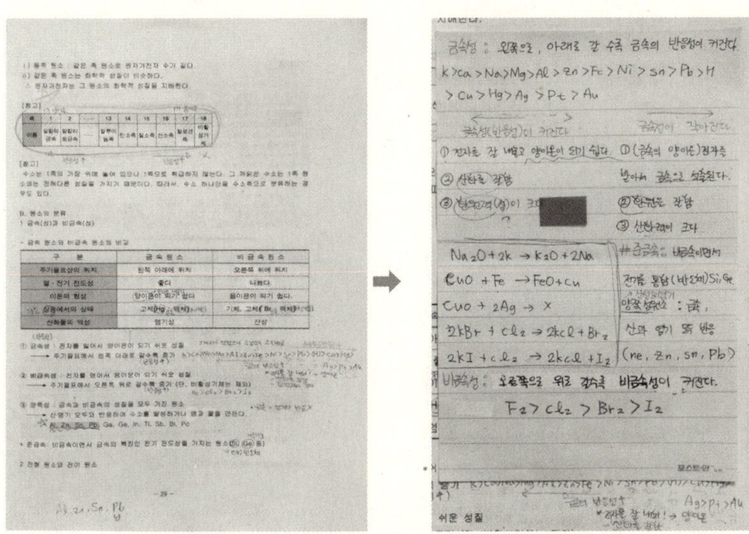

〈새과정화학Ⅰ, p29, 2010, 고양외국어고등학교 화학부〉

그런 다음에 노트로 단권화 하죠. 노트 한 면을 반으로 접어서 구분
해서 정리하는데요, 노트가 선생님한테 있어서, 이 인터뷰 자리에
는 가지고 나오지 못했어요. 말로 설명 드리면 이런 거예요.

이쪽에는 일반적으로 수업 시간의 필기 내용이나 교과서, 자습서 등의 요점 정리	왼쪽 내용을 읽으면서 생기는 질문을 쓰고 선생님, 인터넷, 친구들의 도움으로 답을 정리

노트정리 할 때, 당연한 내용이라고 생각해서 잘 안 듣거나 필기 안 하고 넘어가는 경우가 많은데, 핵심어 몇 개라도 적어놓고 계속 봐야 해요. 그래야 다른 내용과 연계가 되거든요.

Q 영어 공부는 어떻게 하고 있나요?

A 선생님께서 교재를 만들어서 수업을 하세요. 먼저 교재에 필기하기 전에 복사를 몇 장 해 놓아요. 그리고 수업을 듣기 전에 모르는 단어를 다 써 놓아요. 수업하면서 어려웠던 구문이나 문법은 복습하면서 정리하고요. 그런 다음에 복사해 놓은 내용에 어휘나 문법 등을 다시 써 보는 거죠. 아래는 수업 시간에 사용하는 교재인데 회독하면서 다 외워요.

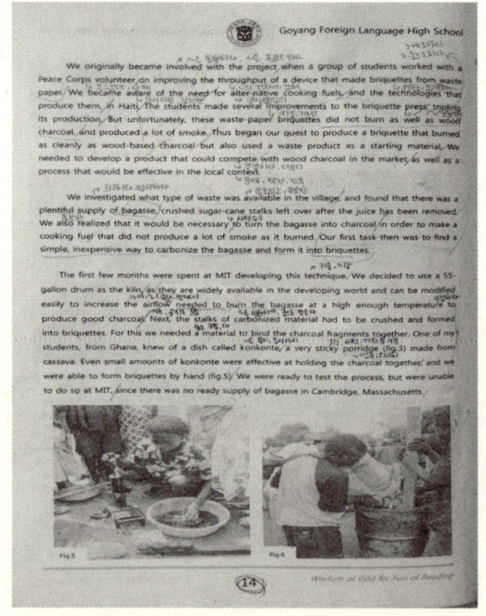

〈심화영어, 2013학년도 1학년 1학기, p14, 고양외국어고등학교〉

Q 사회와 역사 공부는 어떻게 하고 있나요?

A 사회의 경우 내신 시험이 어렵기 때문에 철저히 공부하는 과목 중 하나예요. 일단 교과서 필기와 핵심정리 등을 흰 종이에 완벽히 쓸 때까지 외우는데요, 이해하는 것으로는 부족하기 때문이에요. 개념을 철저히 암기해야 하거든요. 그리고 교과서 문제를 다시 푸는 데 선생님과 풀었던 문제도 다 지우고 다시 풀어요. 교과서 문제를 완벽히 해결한 다음에 자이스토리 등 기출문제를 풀고 오답을 정리해요. 핵심 내용만 암기카드에 다시 정리해서 들고 다니며 암기하죠. 최소 10번 이상 반복할 걸요.

역사도 모든 필기와 유인물 내용을 교과서로 단권화 해요. 마찬가지로 최소한 10번 이상 회독해요.

Q 오답정리는 어떻게 하나요?

A 먼저 문제를 풀다가 첫 번째로 틀리면, 문제를 지워 놓습니다. 그리고 해설도 안 봐요. 아예 개념 공부를 처음부터 다시 한 다음에 풀어보죠.

그런데 같은 문제를 두 번째로 틀리면 이번에는 문제에 별표를 쳐놔요. 그리고 그 부분만 따로 개념 공부를 하죠. 이때 개념을 정리하면서 자투리 시간에 계속 확인해요.

처음이든 두 번째이든 틀린 문제는 일단 3번 이상 풀어보는 것을 원칙으로 해요.

Q 유인물은 어떻게 공부하고 관리는 어떻게 하나요?

A 선생님께서 나누어주신 유인물은 아무렇게나 두면 안 되고, 잘 간직해야 해요. 매우 중요한 자료인 만큼 과목별로 파일을 만들어서 정리하고 공부해요. 교과서나 노트로 단권화시키고 계속 회독해요. 유인물에도 필요한 내용은 완벽하게 필기를 해야 해요.

Q 필기구 활용법이 있나요?

A 검정색으로만 정리하는 것보다 눈에 확 들어오게 정리하는 편이 좋아요. 하지만 너무 오색찬란하게 하면 안 돼요. 중요한 내용은 빨간색으로 눈에 띄게 하고, 보충 설명은 초록색으로 하죠. 저 개인적으로는 검정, 빨강, 초록이 가장 깔끔했어요.

Q 한 달에 몇 권 정도 책을 읽나요?

A 사실 독서할 시간이 없어요. 한 달에 한 두 권 정도 읽고 있어요. 그래서 초등학교, 중학교 때 많이 읽어야 한다고 생각해요. 우리 반에 독서광이 있는데 진짜 그 친구는 신기해요. 영어해석 문장을 이해 못하는데 그 친구만 이해하는 거예요. 토론도 잘해요. 언어적 능력이 탁월해요.

Q 중학생 시절을 떠올리며, 특목고, 자사고를 준비하는 중학생들에게 공부법(노트 정리, 교과서 메모 등등)을 비롯해서 언제부터 준비를 했는지 그리고 마음가짐 등과 관련해서 꼭 해 주고 싶은 얘기가 있다면?

A 내가 왜 학교를 가야 하는지, 안 가면 어떤지, 가면 어떨지 진지하고 확실하게 알고 준비해야 할 것 같아요. 무엇보다 공부보다 중요한 것은 이런 것을 먼저 생각하는 게 아닐까요? 그리고 자신이 목표한 것에 늘 열심히 최선을 다해 살아야 해요. 모든 지식을 받아들이는 데 있어서 적극적인 자세를 가지는 것도 필요하고요. 그러기 위해서는 자기 자신을 믿는 것이 가장 필요합니다. 저의 경험상 친구들을 보면 중학교 때 잘했더라도 외고에서 실패하는 경우는 다음 세 가지 정도인 것 같아요.

첫 번째는 너무 뛰어난 친구들 속에서 상대적으로 박탈감을 가지고 움츠러드는 친구들이에요. 이런 친구들은 자존감이 낮은 경우라고 할 수 있겠네요.

두 번째는 그냥 무작정 우직하게 공부하는 친구이에요. 창의성이 없는 친구들이죠. 노력은 하지만 결과가 별로 좋지 않아요. 누구나 노력은 하니까요.

세 번째는 진로에 대해 고민하면서도 자기가 지금 여기에서 뭘 하고 있는 건지 모르겠다는 방관자적 생각을 가진 친구들이에요.

각자 자신에게 맞는, 그리고 학교의 성향에 따른 내신 공부법이 있을 텐데요, 그것을 잘 생각해 보지 않고, 분석하지도 않는 학생들은 게으르다고밖에 할 수 없겠네요. 늘 시도하고 변화해야 발전하는 거라고 생각해요.

탁재인(고양외고 일본어과 2학년)
– 그날 배운 내용은 그날 복습으로 끝낸다

Q 공부를 잘하기 위해서 가장 필요한 두 가지를 꼽으라면 무엇이고 그 이유는 무엇인가요?

A 첫 번째는 시험을 잘 보려고 하는 절실한 마음입니다. 우리는 시험 점수로 결과가 나오기 때문에 시험이 중요합니다. 따라서 내가 어떻게 공부하면 시험을 잘 볼 수 있을지 고민을 많이 해야 합니다.
두 번째는 공부를 할 때는 전략적으로 해야 한다는 겁니다. 공부는 그냥 무작정 한다고 좋은 성적이 나오는 것이 아니라 요령을 알아야 효율적으로 공부할 수 있습니다.

Q 예습은 어떤 때에 하고 무엇에 중점을 두나요?

A 저는 수업과 복습을 중요시합니다. 사실 시간이 없어서이기도 합니다. 수업을 듣지 않은 상태에서 수업 내용을 이해한다는 것은 힘이 듭니다. 예습을 잘 하지 않는 이유는 수업 때 선생님이 강조할 내용과 아닌 내용을 파악하기 힘들기 때문에 특별한 경우를 제외하고는 하지 않습니다.

Q 수업 시간에 강조하는 것이 있다면?

A 이해하는 것이 무엇보다 중요합니다. 많은 학생들이 이해하지도 못했으면서 필기하는 데에만 신경을 쓰는데, 그런 기계적인 필기는 의미가 없다고 봅니다.

Q 복습은 어떤 방법으로 하고 있나요?

A 복습은 과목별로 하는데, 그날 배운 내용은 반드시 그날 자습실에서 복습합니다.

Q 공부하는 학생으로서 효율적인 시간 관리가 필요한데, 시간 관리는 어떻게 하고 있나요?

A 시간 관리는 다이어리를 활용하는 편입니다. 계획을 세워놓고 하는데요, 예를 들면 이렇습니다.

10시 ~ 11시 일본어 공부, 11시 ~ 12시 토플 R/C 지문 한 개 , 12시 ~ 2시 수학정석 16단원 연습문제일 경우 하나씩 지워가면서 합니다.

Q 시험을 잘 보는 요령 그리고 시험 계획을 어떻게 세우고 공부하는지 설명해 주세요.

A 고등학교 와서 시험을 7번 치렀어요. 볼 때마다 느끼는 것은 시험 1주전까지는 100점을 목표로 하되 1주일을 남긴 후부터는 절대 실수하지 말자는 태도가 필요합니다. 완벽하게 하기 위해 사소한 것까지 집착하는 건 1주일 전까지만 합니다. 1주일 남은 상태에서 100점에 집착하는 것은 더 실수할 가능성이 많아집니다. 마음을 편안하게 가지고 최선을 가지는 것이 중요합니다.

Q 공부한 내용을 정리하는 방식이 있으면 설명해 주세요.

A 저는 노트를 반으로 접어서 사용합니다. 예를 들면 다음과 같아요.

A 문화의 속성	B 문화의 속성		
총체성	–		
학습성	–		
공유성	–		
변동성	–		
축적성	–		

A에는 필기를 합니다. B에는 시험지를 만듭니다. 예를 들어 A에는 문화의 속성, 즉 총체성, 학습성, 공유성, 변동성, 축적성을 정리합니다.

B에는 문화의 속성을 빈칸으로 놔두고 각각의 예시도 빈칸으로 놔둬서 스스로 테스트 할 수 있습니다.

Q 주로 노트에 정리하는 과목은 무슨 과목이고, 교과서에 정리하는 과목은 무슨 과목인가요? 그 이유는 무엇인가요?

A 사회탐구와 과학탐구는 노트에 정리합니다. 영어와 국어는 교과서에 필기합니다. 지문이 많아서 노트에 필기하기가 힘들기 때문입니다.

국어

외국생활 경험이 많아서 국어를 잘 못합니다. 아무리 지문을 이해
해도 문제의 질문 내용이 정확히 무엇인지 파악하기가 힘듭니다.
그래서 문제를 많이 풀고 있습니다.

영어

교과서를 복사해서 필기한 부분과 깨끗한 부분을 나누어서 나중에
깨끗한 것을 보고 문법, 단어를 완벽히 설명할 수 있도록 공부합니다.

사회

예시 위주로 공부합니다. 개념이 많고 비슷해서 실생활에 적용해서
와 닿는 예를 많이 알아야 이해가 쉽습니다.

Q 오답정리는 어떻게 하나요?

A 오답정리는 수학만 하는데 1차, 2차로 나눕니다.
1차는 틀린 문제하고 다시 풀고 싶은 문제를 오려서 붙입니다. 그
문제들을 최소한 세 번씩 풉니다. 나만의 풀이나 선생님이 알려준
특이한 풀이는 2차에 다시 문제를 쓰고 풀이도 씁니다.

<table>
<tr><th colspan="3">1차</th><th>2차</th></tr>
<tr>
<td>p10~
문제 3</td>
<td></td>
<td>문제 10</td>
<td rowspan="4">10번 문제

풀이 ~</td>
</tr>
<tr>
<td>문제 18</td>
<td></td>
<td>문제 23</td>
</tr>
<tr>
<td>p20~
문제 8</td>
<td></td>
<td>문제 14</td>
</tr>
<tr>
<td>문제 16</td>
<td></td>
<td>문제 21</td>
</tr>
</table>

Q 유인물은 어떻게 공부하고 관리는 어떻게 하나요?

A 유인물이 있는 수업과 없는 수업이 있기 때문에 큰 파일을 구입합니다. 그래서 분량을 나누어서 차례로 정리합니다.

Q 필기구 활용법이 있나요?

A 개념은 튀는 색으로 합니다. 개념 설명은 검정색으로 합니다. 예시나 이해를 돕는 보충설명은 연필로 씁니다.

방건호(인천 하늘고 2학년)

– 효율적인 목표를 세우고 꾸준히 반복합니다

인천 하늘고는 인천공항공사의 지원으로 설립된 전국 단위 자율형사립고등학교이다.

Q 공부를 잘하기 위해서 가장 필요한 두 가지를 꼽으라면 무엇이고 그 이유는 무엇인가요?

A 목표의식과 의지라고 생각합니다. 먼저 목표에 관해서는 제가 중학교에서 자사고 준비를 하면서 절실히 느낀 것인데요. 중학교 재학 시절 다른 친구들보다 공부를 약간 더 잘했을 뿐이었는데, 어느 날 영어 선생님께서 현재 재학 중인 하늘고를 추천하신 후로 많은 변화가 있었습니다.

가장 먼저 하늘고 입시를 위해 교내 활동을 정말 열심히 하게 되었는데요. 1학년 2학년 때는 한 번도 나가 본 적 없는 교내 대회를 3

학년 때는 모두 참가하게 되었고요, 반장 선거에도 출마해서 반장도 했었습니다. 1학년 2학년 때는 학교생활에 무관심했고, 공부 외에는 관심이 없었던 것 같습니다. 하지만 하늘고라는 목표가 생긴 후로 많은 변화를 느꼈기에 목표가 가장 중요하다고 생각합니다.

두 번째로 의지를 뽑은 것은 목표가 있어도 의지가 없다면 아무런 결과물이 없다고 생각합니다. 현재 재학 중인 학교에서도 의지가 정말 중요하다는 걸 느끼게 한 친구를 보게 됐습니다. 이 친구는 중학교 때부터 수학을 잘하지는 못했는데요. 고등학교에 들어와서 매일 수학 공부를 하고, 다른 친구들이 놀 때도 혼자 공부를 하던 친구였습니다. 그렇게 해서 치룬 첫 시험에서 만족하지 못한 점수를 받은 이 친구는 많이 울고 좌절하였습니다. 하지만, 포기하지 않고 끝까지 의지를 갖고 수학을 했죠. 그렇게 한 번의 좌절을 겪고 나니, 점수가 점점 오르더니 현재는 문과에서 수학 1등을 차지하는 친구가 되었습니다. 저는 이 친구를 통해 목표뿐만 아니라 의지 또한 중요한 요인이라는 것을 느껴서 목표와 의지가 가장 중요하다고 생각합니다.

Q 예습은 어떤 때에 하고 무엇에 중점을 두나요?

A 예습은 거의 방학 때 하는데요. 수학 과목과 과학탐구 과목을 중점으로 공부합니다. 우리 학교는 다른 학교에 비해 진도가 2배나 빠르기 때문에 먼저 방학 때 예습을 합니다. 예습은 거의 인터넷강의를 통해 합니다. 인강을 통해 공부할 때 가장 중요한 점은 인강을

들었다는 것이 아니라 인강을 듣고 난 후의 복습이 가장 중요하다
고 생각합니다.

많은 친구들이 인강 한 번 완강을 하고 나서 완전히 개념 학습이 끝
난 줄 알지만 사실은 그렇지 않거든요. 복습을 통해서 개념을 완전
히 받아들이는 것이 가장 중요합니다. 저는 인강을 들으면서 먼저
필기를 하고, 그 다음 저만의 개념 노트에 다시 한 번 개념을 적어
가면서 개념을 머릿속으로 정리합니다. 그리고 저녁에 한 번 더 보
고 그 다음날 한 번 더 보고 개념이 어느 정도 정리되면 그 다음에
문제 풀이를 통해 오개념이나 놓친 부분을 확인하는 방식으로 공부
를 합니다.

Q 평균적으로 하루 자기주도학습 시간은 어떻게 되나요?

A 우리 학교는 자습 시간이 7시 30분부터 9시까지 있습니다. 그리고
30분 휴식 후에 9시 30분부터 11시 30분까지고 더 공부하고 싶은
학생은 12시 30분까지 할 수 있습니다. 이렇게 자습 시간이 약 5시
간으로 정해져 있습니다. 주말의 경우에는 토요일은 오전에 1인 1
예 1체라는 프로그램 이후 2시부터 11시 30분까지입니다. 일요일은
자유시간이 2시까지 있지만, 저는 8시부터 11시 30분까지 약 14시
간 정도 공부하는 것 같습니다. 주말에 거의 인강이나 시간이 오래
걸리는 학습을 합니다.

Q 공부하는 학생으로서 효율적인 시간 관리가 필요한데, 시간 관리는 어떻게 하고 있나요?

A 일단 자습시간이 정해져 있어서 최대한 그 자습시간에는 잠을 자거나 딴 짓을 하지 않으려고 노력합니다. 그리고 쉬는 시간이나 아침시간, 점심시간은 영어 지문을 풀거나 수학 문제를 풉니다. 쉬는 시간과 아침시간, 점심시간을 이용해 하루 평균 영어 지문 15문제 정도를 풀 수 있습니다. 이렇게 한 달이면 거의 문제집 한권을 풀 수 있다는 점을 고려해 보면 꽤 큰 시간이라고 생각합니다.

Q 시험을 잘 보는 요령 그리고 시험 계획을 어떻게 세우고 공부하는지 설명해 주세요.

A 저는 시험 준비를 약 2주 전부터 하는데요, 그 전에는 탐구 과목과 수학에 집중을 합니다. 역시 이과이기 때문에 수학과 과학 과목을 무시할 수 없어서 약 2주 전까지 그 두 과목을 최대한 끝내려고 노력해요. 그리고 남은 기간 동안 영어, 국어를 준비합니다. 여기서 중요한 것은 수학과 과학을 꾸준히 해야 하는 점이에요. 2주간은 수학, 과학을 공부하면서 정리한 것을 계속 반복하는 기간인데요. 저는 2주 전까지 문제집을 끝내고 그 문제집에서 틀린 문제와 오래 걸린 문제를 계속 반복합니다. 그리고 부족한 개념을 다시 한 번 공부하면서 국어, 영어 내신을 병행하는 방식으로 공부합니다. 영어와 국어 시험 준비할 때는 지문을 익숙하게 만들려고 합니다. 고등학교에 와서 모의고사를 보면 알겠지만, 모의고사에는 알지 못하는

지문들이 대부분이거든요. 하지만, 내신에서는 아는 지문이 나오기
때문에 지문과 친숙해진다면 모의고사와 비슷하게 풀면서 시간도
부족하지 않아서 저는 지문을 암기하는 것보다는 익숙해지는 데 노
력을 해요. 서술형의 경우에는 수업을 열심히 듣는 게 해답이라고
생각합니다.

Q 공부한 내용을 정리하는 방식이 있으면 설명해 주세요.

A 저는 필기를 하면서 듣는 게 더 이해가 잘되고 머릿속에 더 잘 남아
서 일단은 필기를 합니다. 그 뒤에 필기한 내용을 노트에 정리하면
서 다시 한 번 개념을 머릿속으로 정리하는 방식으로 공부합니다.

**Q 주로 노트에 정리하는 과목은 무슨 과목이고, 교과서에 정리하는 과목
은 무슨 과목인가요? 그 이유는 무엇인가요?**

A 수학과 과학 과목은 개념이 정말 중요하기 때문에 노트에 정리하고
요. 그 외에 나머지 과목은 개념이 중요하기보다는 암기와 이해가
중요하다고 생각해서 교과서에 정리합니다.

A 국어

국어의 경우 수업을 잘 듣고, 필기를 열심히 하는 게 중요하다고 생각해요. 그리고 수업이 끝나고 다시 복습하는 것도 중요하고요. 너무 오래 지나서 복습하다보면 나중에 가서 필기 내용을 봐도 내가 왜 이렇게 필기했지? 이렇게 생각하기 쉽습니다. 그래서 국어는 꾸준한 복습과 지문과 친숙해지는 게 필요합니다. 그렇게 공부하다보면 서술형 대비도 되고 점수도 잘 나오는 것 같습니다.

국어에 대해서 제가 가장 크게 당부하고 싶은 점은 나중에 모의고사를 위해 국어 공부를 하시면 대부분 비문학 혹은 문학에 큰 비중을 두고 공부하시는데요. 이 방법은 1등급까지는 올라갈 수 있지만, 나중에 만점을 위해서는 문법을 특히 열심히 공부해야 합니다. 대부분 고득점자 학생들이 문법에서 많이 틀리기 때문에 만점을 위해서는 국어 문법이 가장 중요하다고 생각합니다.

수학

수학은 양이 아니라 질이라고 생각합니다. 누가 더 많은 문제를 푸느냐가 중요한 게 아니라 적은 문제라도 정확히 이해하는 게 가장 중요하다고 생각합니다. 어느 정도 실력을 쌓는 데 양치기가 해답이 될 수는 있지만, 이과 수학에서는 좋은 문제를 풀고 정확히 이해해서 완전히 자기 것으로 체화하는 것이 중요하다고 생각합니다. 이를 위해서 저는 같은 문제집을 여러 번 반복해서 문제를 완전히 제 것으로 만들려고 노력합니다. 문제를 푸는 이유는 다음 시험에서 풀었던 문제가 나오는 것이 아니기 때문에 다른 문제에 적용시키는 응용력을 키우기 위한 것인데, 양치기를 하면 풀었던 문제를 다시 반복할 시간이 없기 때문에 저는 적은 문제라도 많이 반복해서 푸는 것이 가장 좋다고 생각합니다.

영어

영어의 경우에 저희 학교는 내신 영어에서는 수능 문제집의 지문을 시험문제로 내는데요. 그 이유는 고3때 수능 연계교재 속 지문을 스스로 분석하는 능력을 키우려고 그런 것 같습니다. 그래서 시험 준비를 위해 거의 200개 이상의 지문을 공부해야 하기 때문에, 가장 효율적이고 기억에 잘 남는 방법으로 공부를 해야 합니다. 저의 경우에는 지문을 분석할 때 중요 구문, 문법, 중심문장과 글의 전개 과정을 파악하기 위해 접속사를 중점으로 지문을 분석합니다. 이런 식으로 지문을 분석한다면, 나중에 지문을 볼 때 아무런 표시 없는 채로 지문을 볼 때보다 훨씬 더 눈에 잘 들어오기 때문에 비록 분석할 때는 시간이 조금 오래 걸리지만, 다시 공부할 때는 효율성이 높은 것 같습니다.

과학

과학의 경우 저는 방학기간에 선행을 통해서 한 번 개념을 다지는데요. 방학 때 인강을 들을 때는 방학이라고 생각하고 대충대충 듣는 친구들이 많은데, 이 기간에도 모든 내용을 이해하겠다는 식으로 인강을 들어야지 효과가 있고 나중에 학기가 시작할 때 들었던 내용을 다시 떠올릴 수 있습니다. 일단 한 번 선행을 했기 때문에 학기 중에는 문제를 푸는 데 시간을 많이 가질 수 있었습니다. 과학 문제를 풀 때에도 역시 반복을 열심히 해야 합니다. 한 권의 문제집 속 문제를 모두 이해하겠다는 생각으로 풀어나가야 합니다.

Q 오답정리는 어떻게 하나요?

A 따로 정리하는 노트는 없고 틀린 문제들을 여러 번 반복하는 식으로 정리합니다.

Q 여러분의 중학생 시절을 떠올리며, 특목고, 자사고를 준비하는 중학생들에게 공부법(노트정리, 교과서 메모 등등)을 비롯해서 언제부터 준비를 했는지 그리고 마음가짐 등과 관련해서 꼭 해주고 싶은 얘기가 있다면?

A 솔직히 말해서 중학교 때는 선행을 제일 열심히 해야 한다고 생각해요. 가고 싶은 학교에서 반영하는 주요교과는 열심히 하고 남은 시간에 수학, 과학 선행을 한 번쯤하고 오면 정말 큰 도움이 됩니다. 수학 선행을 하고 온 친구들을 보면 꽤 여유롭다는 느낌을 받곤 합니다. 저는 매학기 진도를 맞추느라 매일이 바쁘고 촉박한 반면 그 친구들은 제가 개념 공부하는 동안 문제풀이를 하니까 저보다는 한 걸음 더 빨리 나가거든요. 그래서 역시 특목고나 자사고를 준비한다면 선행이 꼭 필요하지 않을까 합니다.

학습 체크리스트 작성 방법

공부를 하면서 자신의 학습 진도 상황을 체크하는 것은 싸움터에 나간 장군이 전술을 세우는 것과 같다. 학습 체크리스트check list 를 작성하면 자신이 무엇을 공부했고, 무엇을 하는 중이며, 무엇이 부족한지 알 수 있다.

방식은 다음과 같다. 학습 체크리스트를 한 장에 작성해서 한 눈에 볼 수 있게 한다. 각 과목별로 필요한 목록을 만든다. 지금까지의 학습관리 아이템을 사용해 체계적인 순서를 부여해서 만들면 된다. 예컨대 목차 정리, 개념 정리, 오답노트 정리, 목차 서술하기, 문제 만들기, 요점 정리 등의 순서이다.

자신의 수준에 따라서 목차 정리부터 해야 할 학생이 있을 것이고, 개념 정리부터 해야 할 학생도 있을 것이다. 개념 정리를 충실히 한 학생은 오답노트 정리부터 하면 된다. 학습 체크리스트는 두 장을 만들어서 한 장은 눈에 잘 띄는 책상 앞에 붙여 놓고 다른 한 장은 가지고 다니면서 진도를 기록하고 점검하면 된다.

> 학습 체크리스트는 한 학기에 두 번 만든다. 꼼꼼하게 체크해서 중간고사와 기말고사를 체계적으로 준비하자.

학습 체크리스트

시험 : ( )학년 ( )학기 (   )고사 대비

과목	교과서 단원의 큰제목	목차 정리	개념 정리	오답 정리	서술 하기	10 문제	요점 정리
국어	능동적으로 읽기	○	○	○	○		
	문학의 아름다움	○	○				
수학	통계	○	○	○	○	○	○
	도형의 기초	○	○	○	○		
사회	아시아 및 아프리카의 생활	○	○				
	유럽의 생활	○	○				
	아프리카 및 오세아니아의 생활	○					
과학	상태 변화와 에너지	○	○	○	○		
	소화와 순환	○	○				
영어	7과 : A Funny Story	○	○	○			
	8과 : What's your hobby?	○	○	○			
	9과 : A Trip to Mt.Geumgang	○	○				
역사	우리나라 역사와 우리의 생활	○	○	○	○	○	○
	고조선의 성장	○	○	○			
	중앙집권국가의 형성	○	○	○	○		

평범한 머리를
공부 두뇌로 만들기

부정적인 생각은 공부의 적
상상력으로 스트레스 제거하기
환경이 좋아야 두뇌가 발달한다
웃으면 두뇌가 건강해진다
두뇌를 행복하게 하는 잠자기 5분 전 습관
초감각 상상, 긍정적 두뇌를 만든다
두뇌를 맑게 하는 복부 운동
최상의 두뇌는 가수면 상태에서
실천이 없으면 공부가 아니다
충실한 공부는 바른 자세에서 나온다
두뇌를 건강하게 만드는 숨쉬기
두뇌의 피로를 푸는 다양한 이완법
시각 · 청각 · 후각 · 촉각으로 두뇌를 자극하라
인체는 최고의 두뇌 개발자

01
부정적인 생각은 공부의 적

공부할 때는 공부에 방해되는 부정적인 생각을 정리할 줄 알아야 한다. 예컨대, 좋은 음식을 한참 먹고 있는데 기분 나쁜 말을 들으면 어떨까? 좋던 기분이 순식간에 상하는 것은 물론 속이 거북해지면서 체하기도 한다. 공부도 마찬가지다. 공부할 때 끼어드는 부정적인 생각을 다스리지 못해서 신경성 위장병을 앓는 학생이 얼마나 많은가?

공부 때문에 생긴 증오심과 비관, 무기력, 두려움, 불안 등은 하루에도 몇 번씩 두뇌를 흥분하게 만들어 정신적인 안정을 파괴한다. 돌멩이가 날아오는 것을 두뇌가 인식하면 반사적으로 몸을 피한다. 그러나 눈치도 못 챈 사이에 날아온 돌은 피하지 못하고 몸에 상처를 입히게 된다. 갑자기 끼어드는 부정적인 생각은 불시에 날아오는 돌멩이와 같다.

부정적인 생각에 장시간 노출되면 그 스트레스 때문에 두뇌의 회로가 꼬인다. 스트레스 때문에 회로가 꼬인 경우에는 긍정적인 방향으로 빨리 돌아오지 못한다. 게다가 부정적인 정보에 더 빨리 지배당해서 공부를 진행하기가 어려울 수도 있다. 결국 부정적인 정보가 곧바로 두뇌로 가기 전에 그것을 거르는 차단막이 필요하다. 그럼 어떻게 해야 할까?

부정적인 생각이 들면, 우선은 감정에 휩싸이지 말고 차분히 생각하라. 그 감정과 생각을 인정하고 원인을 생각해보라. 그리고 긍정적으로 생각하려고 애써라. 공부가 안 된다고 자학할 필요는 더더욱 없다.

'아, 지금 짜증이 나려고 하네, 뭣 때문이지? 이 문제는 도대체 어떻게 푸는 거야? 공부가 안 되니까 화가 나. 난 아무리 공부해도 안 되는 걸까? 아니야, 이러면 안 되지. 생각을 바꾸자. 가끔 공부가 안 될 수도 있어. 조금만 지나면 다시 잘 될 거야. 음…… 계속 공부하면 뭐가 좋을까? 공부해서 남 주지 않는다는 말도 있잖아. 뭐, 열심히 하다 보면 그래도 뭐가 일어나겠지. 그래, 이 부분은 이해가 안 되니까 개념부터 다시 볼까?'

이렇게 자기의 생각을 관찰하는 훈련이 필요하다. 이것이 바로 '자기주도학습 능력'이다. 이 자기주도학습 능력은 공부하는 데 가장 중요한 요소이다. 자기관찰 능력이 쌓이면 그만큼 공부의 능률이 높아진다.

02
상상력으로
스트레스 제거하기

인간은 감정의 동물이다. 감정은 몸에 영향을 미친다. 강한 스트레스를 억제할 경우 심혈관에도 변화가 생긴다. 스트레스를 억누르면 인간이 가진 좋은 감정의 기능이 왜곡되거나 마비되고, 올바른 감정표현마저 제대로 못할 수도 있다. 감정을 부자연스럽게 억제하는 것은 두뇌의 집중력에 악영향을 미친다.

일상생활에서 스트레스로 인한 화를 적절하게 표현하지 못하는 학생들은 감정을 억누르는 데 많은 에너지를 소모한다. 풀리지 않은 화가 쌓이고 쌓여 터지기 일보직전까지 가면 자신과 모두를 해치는 흉기로 돌변할 수 있다. 장기적으로 볼 때 그때그때의 화를 푸는 것이 아주 중요하다. 그것은 슬픔이나 두려움 등 다른 감정을 극복하는 데도 도움이 된다.

정당한 분노는 나를 위해 발산해야 한다. 어떤 식으로든 남에게 피해를 주지 않는 범위 안에서 화를 풀어야 한다. 대부분의 학생들은 그것을 제대로 풀지 못해 정신과 몸 모두에 병을 키운다. 스트레스를 쌓아두는 것은 두뇌에 독을 쌓아두는 것과 마찬가지다. 그렇다면 공부 스트레스를 한 방에 보내는 해독제는 무엇일까?

공부 스트레스를 단번에 해결하는 해독제, 그것은 상상력이다. 엄마 뱃속에 있었을 때를 상상해보자. 지금까지 이런 상상을 구체적으로는 해보지 않았을 것이다. 우리는 약 2억분의 1이라는 확률을 뚫고 열 달 동안 엄마 뱃속에서 살아남은 존재다. 그때를 상상해보자. 양수로 가득한 엄마 뱃속. 물컹물컹하고, 따뜻하고, 편안한 느낌이다. 상상만으로도 기분이 좋아진다.

이번에는 탯줄을 통해 엄마와 교류하던 느낌은 어떨까? 엄마의 소리가 들린다. 엄마의 숨소리가 들린다. 세상 밖 이야기를 해주는 엄마의 목소리가 들려온다. 내가 밖으로 나가면 알아야 할 것을 미리 들려주던 엄마의 목소리. "사랑해, 아가야"라는 목소리가 들리지 않는가?

우리는 엄마 뱃속에서 사랑을 듬뿍 받으며 세상의 주인공이 될 준비를 하고 있었다. 그런데 지금 우리의 모습이 어떤지 바라보자. 공부에 도전하고 어려움을 극복하는, 당당하고 자신감 있는 인생의 주인공으로 살고 있는지 말이다. 주인공은 어디서든지 주인 의식이 있는 사람이다. 집에서는 자식으로서의 생각, 학교에서는 학생으로서의 생각이 있어야 한다. 그런데 지금 내 모습은 어떤가 보자. 공부 때문에 짜증내고, 무조건 싫어하고, 공부를 왜 하는지조차 모른

채 살고 있지는 않은지…….

　지금까지 한 번도 주인공이 되는 생각을 해보지 않았다면 어머니 뱃속으로 들어가 보자. 그 모습을 상상하면 어떻게 지금의 환경을 탓할 수 있을까! 이러한 상상으로 공부 스트레스를 한 방에 날려 보내자.

환경이 좋아야
두뇌가 발달한다

사람은 환경의 지배를 받으면서도 창의적이고 적극적으로 환경을 이용한다. 환경의 지배를 받는다는 의미는 그만큼 환경의 영향이 중요하다는 얘기다. 맑고 상쾌한 환경에 있으면 정서적으로 안정되면서 두뇌가 맑아진다. 숲 속에 있는 것만으로도 두뇌는 상쾌해진다. 반면에 탁하고 어두운 환경에 있으면 기분이 나빠지면서 두뇌도 탁하고 어두워진다는 느낌이 든다.

결국 사람은 어떤 환경에 있느냐에 따라 변한다. 긍정적인 환경 속에 있으면 긍정적이 되고, 부정적인 환경 속에 있으면 부정적으로 변한다. 우리 두뇌는 환경과 무의식중에 교류한다.

공부하면서 시시각각 두뇌를 짜증나게 하고 뜨겁게 만드는 일이 많이 발생한다. 그래서 두뇌를 맑게 하는 상태를 만드는 것이 중요하다. 그림, 사진, 음악, 향기, 조명, 채광, 통풍 등 주변 환경에서 쉽게 바꿀 수 있는 것을 활용해보자. 이것은 부모님의 의지만 있으면 그다지 어렵지 않다.

첫 번째 파트너 : 그림, 사진, 글씨

상담을 위해 학생의 집을 방문했을 때의 일이다. 거실로 들어섰을 때 벽에 걸린 커다란 액자 하나가 들어왔다. 부엉이 세 마리가 눈을 부릅뜬 사진인데 보기에도 섬뜩했다. 필자는 그 액자를 보며 저런 그림을 매일 보는 학생의 두뇌가 얼마나 스트레스를 받을지 생각했다. 그래서 결국 조심스럽게 어머니에게 두뇌는 집에 걸린 액자 하나에도 영향을 받는다고 말하며 좀 더 밝은 그림을 걸어 놓는 게 좋겠다고 제안 드렸다.

사진도 마찬가지다. 사진은 그 장소의, 그 대상의 에너지를 끌어당기는 통로다. 백두산 사진을 걸어놓으면 백두산의 맑은 에너지가 나오고, 동물 사진을 걸어놓으면 그 동물이 가진 에너지에 영향 받는다.

또한 유명한 사람의 작품이라고 해서 모두 좋은 건 아니다. 그림의 의미도 알 수 없고 색감도 너무 강렬하면 그림을 볼 때 마음이 편안하시 않다. 액자 하나도 부디 자녀의 정서와 공부에 도움이 되는 것으로 신중하게 고르라고 말하고 싶다.

두 번째 파트너 : 음악

거칠고 시끄러운 음악보다는 자연음악을 듣는 것이 두뇌를 맑게 유지하는 데 도움이 된다. 시끄러운 음악을 들으면 스트레스가 풀리는 것처럼 생각될지 모르지만 반복해서 들으면 두뇌가 긴장한다. 하루에 한 번 정도 편안한 상태에서 음악에 집중하는 여유로운 시간을 가지며 두뇌를 쉬게 하자.

자연음악은 자연의 충만한 생명에너지를 듣고 부를 수 있도록 자연이 내는 소리를 멜로디로 표현한 음악이다. 자연음악은 기분을 변화시키고 신체건강을 복원, 유지하며 심리적 안정감을 느끼게 한다. 또한 혈압, 맥박 속도, 호흡, 피부 반응, 뇌파와 근육 반응 등에 영향을 주며 긴장으로 인한 근육통과 육체적 질병 회복에 도움을 준다. 일본에서는 자연음악이 암까지 치료한다고 알려졌다. 의료계에서도 음악을 치료에 활용하려는 움직임이 있는 만큼 좋은 음악을 들으면 공부에 능률이 오른다.

세 번째 파트너 : 향기

향기도 두뇌에 영향을 미친다. 요즘은 아로마나 향초 등 향을 내는 도구들이 다양하게 나와 있다. 취향과 용도에 맞게 잘 선택하면 스트레스를 완화하는 데 도움이 된다.

네 번째 파트너 : 조명

조명은 밝고 편안한 것으로 한다. 눈의 피로가 쌓이지 않게 번쩍거리는 것은 가급적 피한다. 특히 공부방은 책을 편안히 볼 수 있도록 각별히 신경 쓰자.

　가끔은 창문을 열고 눈부신 햇살을 온몸으로 받아들이자. 햇살이 세포를 깨우고 몸과 마음을 환하게 만들어준다. 창문에 반투명지를 붙여 햇빛을 차단하는 것은 특별한 경우가 아니라면 가급적 삼가자. 햇빛은 기분을 긍정적으로 만들어주며 건강에도 영향을 미친다.

　또한 바깥에서 불어오는 시원한 바람으로 안과 밖의 공기를 환기시키자. 환기를 함으로써 탁한 실내 공기를 밖으로 빼내면 두뇌의 피로를 푸는 데 도움이 된다.

04

웃으면
두뇌가 건강해진다

웃음은 사람의 병을 치료하기도 하고, 불치병으로 죽음에 직면한 환자에게 생명력을 찾아주기도 한다. 의사들은 중풍환자나 치매환자를 치료하기 위해서 웃음과 유머를 사용한다. 그리고 청소년 환자에게는 웃음이 마음을 열고 의사소통하는 데 중요한 촉매제로 사용된다. 100여 년 전 의학계에서는 새의 깃털로 환자를 간질이는 치료법을 사용했을 정도로 웃음은 사람의 두뇌를 기분 좋게 자극한다.

웃으면 두뇌 속에서는 어떤 풍경이 펼쳐질까? 일단 웃기 시작하면 두뇌 에너지와 색이 변한다. 긍정적인 웃음은 두뇌를 밝은 색깔로 물들이고, 부정적인 웃음은 두뇌를 시뻘겋게 만든다. 요즘은 과학적으로 이것을 증명하는 장치들이 많이 나왔다.

사람의 오라aura로 몸의 상태뿐만 아니라 뇌파와 사람의 기질까지도 종합적으로 측정이 가능하다. 사람이 화나고 긴장하고 있으면 오라 색깔은 탁한 빨간색이 주류를 이룬다. 반면, 얼굴에 미소를 띠고 밝게 웃을수록 맑고 시원한 오라 색깔이 나타난다.

즐겁게 웃다 보면 그 속에서 생각지도 못한 것을 발견하거나 놀랄만한 아이디어가 떠오르기도 한다. 이것은 편안하게 두뇌가 활동하기 때문에 생기는 현상이다. 이렇게 긍정적인 웃음은 호르몬을 분비시키고 색깔을 변하게 하면서 두뇌를 맑게 한다.

어떤 감정 상태인지에 따라 몸에서 분비되는 물질이 달라진다. 좋은 생각을 하면 이로운 물질이 나오고, 화를 내면 독소가 나온다.

엘미게이스라는 정신의학자가 사람의 감정과 관련된 실험으로 매우 놀라운 사실을 발견했다. 사람의 숨결을 시험관에 넣고 액체 공기로 냉각시키면 침전물이 생긴다. 이 침전물은 그 사람의 감정 상태에 따라 색깔도 각기 다르다. 예를 들면 화낼 때는 밤색, 슬플 때는 회색, 후회할 때는 복숭아색으로 변한다. 이 중에서 화낼 때 나온 밤색의 침전물을 흰쥐에게 주사했더니 흰쥐는 고통을 참지 못하고 죽어버렸다. 마음이 즐겁지 않다는 것이 때에 따라 얼마나 무서운 결과를 낳는지 짐작하고도 남는다.

공부하기가 싫을 때는 잠시 멈추고 웃는 연습을 해 보자. 물론 처음에는 억지로 웃기가 여간 부자연스럽지 않을 것이다. 하지만 언제나 처음이 어려울 뿐, 한번만 해 보면 그 다음부터는 어렵지 않다. 웃음 실천 방법을 소개하면 다음과 같다.

▶ 부담 없이 마음껏 웃을 수 있는 장소를 선택한다. 거울 앞에 앉아도 좋다. 자세를 편안히 하고 몇 차례 호흡을 길게 한다.

▶ 갓난아기의 미소를 떠올린다. 아기는 이따금 다른 사람이 모를 이유로 웃는다. 자다가 '히', '까르르' 하면서 배냇짓을 하는 모습은 어떤가? 사랑스럽지 않은가?

▶ 이제 천천히 얼굴 근육을 움직인다. 미소를 짓기도 하고 찡그리기도 하면서 경직된 근육을 풀어준다.

▶ 그냥 웃자. 의미 없이 웃는 갓난아기처럼 말이다. 어떤 형식도 없이 소리 내어 웃기 시작한다. 점점 크게 박장대소한다.

▶ 이제부터 온몸으로 웃는다. 손으로 몸을 두드리기도 하고 방바닥을 치면서 웃는다. 눈물이 나올 때까지 웃어본다.

▶ 웃으면서 두뇌에 집중한다. 두뇌 색깔이 환하게 변한 모습을 상상하면서 다시 웃음으로 마무리하라. 그러면 무언가가 확 풀어지는 느낌이 들면서 마음이 편안해진다.

▶ 얼굴상이 변할 때까지 이 방법을 하루 한 번 이상 실천한다. 공부 때문에 얼굴이 굳은 학생, 화난 것처럼 보이는 학생, 심술쟁이 같은 학생, 편안해 보이는 인상을 갖고 싶은 학생. 모두 해 보자. 하다 보면 어느 순간 얼굴상이 밝게 변할 것이다.

05

두뇌를 행복하게 하는
잠자기 5분 전 습관

잠을 잘 자야 두뇌가 건강하고 맑아지며, 낮에 공부한 정보들이 더욱 안정적으로 두뇌의 회로에 저장된다. 잠을 설치거나 깊이 못 자면 정보의 연결과 저장이 매끄럽지 않다. 두뇌를 항상 좋은 상태로 유지해야 하는 학생들에게는 더더욱 잠이 중요하다.

잠을 아주 깊게, 아주 맛있게 자면 아침에 일어났을 때 상쾌함을 느낀다. 하지만 잠을 제대로 못 자고, 잠에서 깬 다음에도 머리가 가볍지 않으면 아침부터 기분이 좋지 않을 뿐만 아니라 하루 종일 머리가 띵하고 마음이 불편하다.

몇 시간을 자고 몇 시에 자는 것보다 더 중요한 것은 잠자기 전, 특히 잠들기 5분 전을 어떻게 보냈느냐이다. 이때 충분히 긴장을 풀면 잠을 푹 잘 수 있고 아침을 맞이하기가 훨씬 즐겁다. 자기 전에 폭력 비디오를 보거나 스마트 폰을 하는 행위는 숙면을 취하는

데 치명적이다. 분명 잠을 잘 이루지 못해 이리저리 뒤척이게 된다. 그러면 푹 자기는커녕 어지러운 꿈을 꾸면서 두뇌가 괴로워한다.

이제부터 잠자기 5분 전의 상태를 바꾸자. 최고의 휴식을 취할 수 있도록 다음에 제시하는 몇 가지 방법을 훈련하자. 이 실천을 통해 잠자는 동안 피로를 다 풀고 공부 내용도 잘 정리해서 아침의 두뇌를 즐겁게 만들어보자.

나를 축복하기

잠자리에 편안하게 누워서 숨을 깊이 들이마셨다가 내쉬면서 몸을 이완한다. 그리고 자신을 축복한다.

'나는 열심히 사는 행복한 학생이다.'

'나는 내일의 또 다른 행복을 위해 잠시 휴식에 들어간다.'

이렇게 자신을 긍정한다.

숙면 양말 신기

발에 집중한다. 잠자리에 누워서 숙면 양말을 신고 있다고 상상한다. 이 양말을 신으면 잠이 잘 온다고 믿는다. 잠자는 양말은 나의 발을 따뜻하게 하고 머릿속의 생각을 아래로 내려 편안히 잠잘 수 있게 해 준다고 생각한다.

몸 움직이기

하루가 다소 피로했거나 머릿속에 잡생각이 많을 때는 잠시 몸을 움직이고 잠자리에 든다. 다리를 쭉 뻗은 상태에서 뒤꿈치를 붙인다. 그리고 발끝을 찰랑찰랑 부딪친다. 또는 두 팔과 두 다리를 공중으로 들어 가볍게 흔들었다가 내려놓는 모관운동도 좋다. 몸을 움직이면 열이 나서 잠을 망치는 에너지를 태워버린다. 힘이 너무 들어가지 않게 가볍게 해 준다.

잠자기 전에 몸을 쓰는 것이 부담스러우면 그대로 편안하게 누워서 복부를 당겼다 놓는 운동을 해 보자. 아랫배를 당겼다가 살며시 밀면서 복부운동을 하면 몸이 이완된다.

비전 그리기

나의 미래 비전을 그리면서 잠을 청한다. 한 달 후의 내 모습, 6개월 후의 내 모습 그리고 1년 후의 모습을 상상해본다. 학년이 올라갈 때마다 발전하는 자신의 모습을 긍정적으로 떠올려본다. 해가 갈수록 점점 행복해지는 모습을 그려보자.

06

초감각 상상,
긍정적 두뇌를 만든다

필자는 가끔 오래전 기억을 떠올린다. 학교에 들어가기 전 할머니를 따라 밭에 가서 흙장난을 한 추억, 손끝에서 전해지는 풀과 꽃의 느낌 등등. 지금도 그 느낌을 그대로 간직하고 있다.

감각으로 간직한 기억은 쉽사리 지워지지 않는다. 언제든지 상상만으로도 그 느낌을 그대로 복원할 수 있다. 설령 아주 오래 전의 일이더라도 감각으로 기억된 것은 두뇌 속에 그대로 남는다.

우수한 두뇌는 이러한 초감각 상상력이 뛰어나다. 초감각 상상은 좌뇌의 생각과 우뇌의 상상력이 서로 잘 컨트롤할 수 있게 해서 조화로운 두뇌를 만든다. 또한 상상세계에만 빠지는 것을 통제하는 힘이 있다. 공상에만 빠지거나 생각이 너무 많아져 골치 아프게 되는 것을 막아준다.

상상할 때 두뇌는 어느 한 부분이 아닌 여러 부분이 함께 움직인다. 상상이 복잡한 것일수록 더 많은 부분이 협력한다. 예를 들면 이런 것이다.

'하얀 야구공이 날아갑니다.'라고 얘기할 때 두뇌는 하얀색이라는 색깔, 야구공이라는 형태, 날아가는 운동을 별개의 영역에서 처리한다. 보통의 두뇌는 '하얀 야구공이 날아갑니다.'를 하나의 상상으로 체험하지만, 우수한 두뇌는 부분적으로 나누어서 상상한다. 예컨대 '날아갑니다. 공이 날아갑니다. 공의 색깔은 하얀색입니다.'라고 말이다.

초감각 상상 체험을 해 보자

① 삶의 목표를 이미지로 영상화해 계속 떠올린다.

② 그 영상을 계속 느끼다 보면 강한 확신이 온다. 확신을 느껴 본다.

③ 확신은 신념으로 이어진다. 신념이 생기면서 자신감으로 충만해진다.

④ 신념이 현실이 된 모습을 떠올린다.

07

두뇌를 맑게 하는 복부 운동

물은 위에서 아래로 흐르고 불은 아래에서 위로 타오르는 것이 자연의 섭리다. 그러나 살아 있는 생명체는 다르다. 나무는 물을 아래에서 위로 올려보낸다. 나무의 뿌리는 물을 빨아올려 줄기를 거쳐 가지와 잎으로 보낸다.

우리 인체도 마찬가지이다. 건강하기 위해서는 가장 위에 있는 두뇌를 시원하게 해주어야 하고, 따뜻한 기운은 아랫배를 따뜻하게 해주어야 한다. 이런 상태에서 공부를 해야 학습 효과가 높다. 그러기 위해서 두뇌의 열을 배로 내려야 한다.

먼저 양 손바닥을 비벼보자. 그러면 손바닥에서 열이 난다. 이번엔 손바닥으로 배꼽을 중심으로 배를 문지르자. 집중해서 비비면 열에너지가 배로 몰린다.

머리에 열이 있을 때는 머리에 집중해서는 안 된다. 생각을 줄이고 복부에 마음을 모아 움직여야 한다. 두뇌가 받아들일 준비가 안 되었을 때는 억지로 정보를 집어넣으려고 해도 제대로 되지 않는다. 공부를 하다가 골치가 아플 때는 생각을 멈추고 복부를 당겼다가 놓아보자. 그러면 그쪽으로 열이 몰린다.

두뇌를 맑게 하는 방법 중에 첫 번째가 열심히 복부를 운동시켜 배를 따뜻하게 해주는 것이다. 복부운동을 해주면 왜 두뇌가 시원해지는 것일까?

첫째, 독소가 제거된다. 뱃속에 있는 가스와 숙변이 제거되면서 뇌가 맑아진다. 이때 혈관의 독소와 세포의 독소까지 없어진다.

둘째, 피가 잘 돈다. 독소가 빠지니까 피가 잘 도는 것은 당연하다. 사람 몸의 혈액 중 절반 이상은 배에 몰려 있다. 복부운동을 해주면 복부 내의 혈액이 온몸으로 쭉쭉 퍼져 나가 두뇌가 시원해진다.

08
최상의 두뇌는 가수면 상태에서

경영자들이 새벽에 일어나서 하는 일은 대개 비슷하다. 가벼운 운동을 하면서 하루를 계획하거나 신문을 보거나 독서하는 경향이 많다. 아침에 눈을 떠서 정신이 일반 상태로 돌아오기 전까지를 보통 가수면 상태라고 하며 알파 상태라고도 한다. 일찍 깨는 사람은 10~20분에서, 늦은 사람은 한 시간까지로, 이 가수면 상태가 유지되는 시간은 사람마다 다르다.

가수면 상태에서 정신을 집중하면 기억이 오래간다는 연구 결과가 있다. 학생들이 아침 시간을 잘 이용하지 못할 따름이지, 가수면 상태에서 공부가 잘된다는 것은 이미 잘 알려진 사실이다. 우리가 흔히 알고 있는 명상에 든 상태도 가수면 상태와 같다.

필자는 아침에 일어나서 바로 행동하지 않고 10분 동안 앉아 있는 습관이 있다. 눈을 감고 아주 천천히 몸을 돌린다. 목을 돌리고,

어깨를 돌리면서 몸에 집중하면 기분이 그렇게 좋을 수가 없다. 그리고 오늘 하루 할 일을 생각한다. 때로는 학생들을 가르치거나 글을 쓰는 작업 아이디어를 얻기도 한다. 잠자리 옆에 항상 메모지를 놓아서 좋은 아이디어가 생각나면 그때그때 적는다.

공부할 때 다음과 같은 아주 단순한 방법으로 가수면 상태를 활용해 보자.

▶ 공부하기 전에 몸을 가볍게 흔들어 이완한다.
▶ 의자에 앉아 발끝을 서로 부딪쳐 잡념을 아래로 내린다.
▶ 잠시 눈을 감고 숨을 고르게 쉬어 마음을 정리한다.
▶ 공부를 시작한다.

줄곧 명상 상태에서 공부할 수 있다면 그 효과는 대단할 것이다. 시험을 보기 전에도 이런 방법으로 긴장과 두려움을 없앨 수 있다.

09

실천이 없으면
공부가 아니다

한번은 친분이 있는 중학교 선생님이 이런 말을 했다.

"공부 잘하는 학생은 그만한 이유가 있다. 상위권 이상의 학생들은 틀린 문제의 번호와 답만 확인하는 것이 아니라 그 문제가 무엇을 묻는 것이고, 왜 틀렸는지 꼭 짚고 넘어간다."

이 선생님은 평소 학생들에게 어떤 시험이든 답만 맞추지 말고 꼭 그 원인을 파악하라고 아무리 강조해서 말해도, 그것을 받아들이는 학생은 극히 소수라는 것이다.

성적이 잘 오르지 않는 중상위권 학생들을 보면, 이 학생들은 왜 공부를 해야 하는지도 알고 그에 따라 착실하게 공부 계획도 세운다. 또한 개념 정리가 중요하다는 것도 알고, 오답을 정리해야 하는 것도 안다. 그렇기 때문에 그나마 중상위권의 성적을 유지할 수 있다. 그러나 그뿐이다. 그저 그렇다는 것을 알기만 할 뿐 실천을 하지 않기 때문에 성적은 쉽게 오르지 않는다. 이제부터라도 성적이 오르지 않는다고 하소연만 하지 말고, 자신이 공부한 모습을 뒤돌아보라. 공부법을 알기만 하고 행동으로 옮기지 않으면 성적은 결코 오르지 않는다.

10
충실한 공부는
바른 자세에서 나온다

올바른 자세는 공부할 때 가장 기본적인 매너이며 집중력을 끌어내는 안내자의 역할을 한다.

일단 공부를 시작하면 바른 자세를 취해야 한다. 공부하는 내내 자세를 바르게 할 수는 없다. 그러나 집중할 때는 그에 맞는 자세를 갖추어야 한다. 공부할 때는 책상 앞에서 하든지 바닥에 앉아서 하든지 허리를 최대한 바르게 펴라. 그것이 공부에 대한 최소한의 도리요, 역할이다.

오랜 시간을 공부할 때는 자세가 흐트러진 상태에서는 공부하지 말자. 예컨대 누워서 한다든가, 삐딱하게 소파에 기대서 한다든가 말이다. 누워서 하고 싶을 때는 아예 편안하게 누웠다가 새롭게 공부를 시작하자.

자세가 바르지 않는 몇 가지 이유

▶ 습관 때문에 : 나쁜 자세가 습관으로 굳은 것이다. 그러다 보니 바르지 않은 자세가 편해지고 바른 자세가 불편하게 느껴진다.

▶ 인체의 중심인 척추가 약해서.

▶ 신장의 에너지가 약해서 : 신장은 정기를 담고 있는 장기다. 신장이 건강하지 못할 때 허리 힘이 약해지고 척추가 반듯하지 못하다.

▶ 몸 움직이기를 싫어해서 : 몸을 움직이지 않으니 체력이 떨어지고 약해진다. 이것은 결국 자세에 직접 영향을 미친다.

▶ 집에서 부모의 나쁜 자세 때문에 : 부모의 자세를 자녀가 그대로 따라한다.

▶ 어려서부터 몸에 대한 인식과 정보가 부족해서 : 몸의 중요성에 대한 교육을 간과할 때 몸에 대한 정성이 부족해진다.

▶ 자세를 바르게 해야 한다는 생각 자체가 없어서.

9고를 터득하자

9고란 몸을 움직여 긴장을 푸는 방식이다. 즉 몸을 가볍게 털고, 늘이고, 당기고, 돌리고, 반동 주고, 비틀고, 두드리고, 중심 잡고, 쓸고가 9고다. 9고를 하면 두뇌가 편안해지고 얼굴이 맑아진다. 이것은 몸속의 세포 반응 현상으로 세포들이 맑아지기 때문에 나타나는 효과다. 동작을 빠르게 하지 말고 천천히 하자. 그러고 나서 공부를 하면 집중이 잘 된다.

9고

▶ 털고 : 옷에 먼지를 털어내듯이 손발을 털어주자.

▶ 늘이고 : 난쟁이들이 걸리버의 팔과 다리를 잡아서 늘이듯 온 몸을 늘여보자.

▶ 당기고 : 양손을 힘껏 당겨보자.

▶ 돌리고 : 풍차 돌리듯이 목, 허리, 어깨를 늘이자.

▶ 반동 주고 : 요요를 하듯이 허리와 옆구리에 반동을 주자.

▶ 비틀고 : 수건을 비틀어 물을 짜듯이 근육을 비틀자.

▶ 두드리고 : 북을 두드리듯이 가슴과 아랫배, 온몸을 두드리자.

▶ 중심 잡고 : 외줄을 타듯이 오른 다리, 왼다리로 중심을 잡아 보자.

▶ 쓸고 : 아이 얼굴을 쓸어주듯이 정성을 다해 손바닥으로 몸을 쓸어주자.

9고를 하고 나면 나타나는 효과

첫째, 몸의 긴장과 흥분이 풀어진다. 몸이 유연해지고 자세가 바르게 되면서 원기가 회복될 뿐 아니라 집중력이 높아진다.

둘째, 몸에 가벼운 문제가 있을 때 치유가 가능하다. 학생의 과민성 대장증후군, 아토피, 위장 장애, 변비, 비염 등 질병을 예방하고 몸을 치유한다.

11
두뇌를 건강하게 만드는 숨쉬기

숨을 쉴 때 몸의 여러 부분이 움직인다. 숨을 깊이 들이마시고 내쉬면서 몸의 움직임을 느껴보자.

첫째, 가슴 양쪽의 폐가 부풀었다 줄어든다.

둘째, 횡경막이다. 이것은 흉강과 복강 사이에 있는 사로막이다. 숨을 들이마시면 횡경막이 내려가고, 내쉬면 원래대로 돌아온다.

셋째, 아랫배다. 숨을 들이마시면 아랫배가 나오고 내쉬면 아랫배가 들어간다.

그리고 또 무엇이 있을까? 이것을 아는 사람은 거의 없다. 바로 두개골이다. 두개골도 관절로 이루어지고 호흡으로 살아 움직이는 조직체다. 두개골 안에 있는 뇌와 척수는 호흡할 때 손목에서 맥박이 뛰는 것처럼 규칙적으로 뛴다.

두뇌가 건강하기 위해서는 숨쉬기를 잘해야 한다. 숨을 가쁘게 쉬는 학생은 건강이 좋지 않다는 증거다. 천천히 숨 쉬는 학생이 훨씬 건강하고 두뇌도 평온하다. 동물을 보더라도 거북이, 코끼리, 학처럼 장수하는 동물은 숨을 깊고 여유롭게 쉰다. 정성껏 집중해서 숨을 쉬다 보면 숨이 고르고 길어지면서 마음이 편안해진다. 잠시 후에는 두뇌가 맑아져 공부하기 좋은 상태가 된다.

숨쉬기 실천방법

긴장할 때 숨 쉬는 방법

▶ 허리를 바르게 하고 평소 하던 가슴호흡을 2~3차례 한다.

▶ 숨이 아랫배까지 들어간다고 생각하면서 깊게 들이마신다.

▶ 숨을 들이마시면서 아랫배가 나온다. 아랫배에 집중한다.

▶ 입을 살짝 벌려 '후' 하고 불어낸다. 아랫배가 들어간다.

▶ 이것을 몇 차례 반복한다.

머리가 묵직할 때 숨 쉬는 방법

▶ 물소리가 나는 자연음악을 듣는다.

▶ 의자 등받이에서 등을 떼고 허리를 편다. 눈을 지그시 감는다.

▶ 자신의 호흡을 관찰하고 편안하게 조절한 다음 머리에 집중한다.

▶ 숨을 들이마실 때 폭포의 시원한 물이 두뇌를 적신다고 생각한다.

▶ '후' 하고 내쉴 때는 폭포수가 온몸을 적신다고 상상한다.

▶ 이렇게 몇 차례 반복한다.

몸이 개운하지 않을 때 숨 쉬는 방법

▶ 제자리에 편안하게 선다.

▶ 몸을 늘이면서 숨을 깊이 들이마신다.

▶ 2~3초 정도 숨을 멈추고 몸에 집중한다.

▶ 늘였던 몸을 풀면서 입으로 숨을 '후' 하고 길게 내쉰다.

▶ 다양한 동작으로 몇 차례 반복한다.

코평수를 넓혀봐

잠시 숨 좀 돌려보자. 가슴에 집중하면서 코로 숨을 들이마시고 입으로 내쉰다. 한 번 더 해보자. 집중해서 숨을 쉬면 한결 기분이 편안해진다. 도시를 떠나 시골이나 산으로 가면 공기 맛이 다르다. 그때 바로 숨통이 열리는 것을 실감할 수 있다. 맛있는 음식이 있듯이 맛있는 공기도 따로 있다. 친구들과 싸우고 들이마시는 공기가 맛있을까? 부모님에게 공부 안 한다고 잔소리 듣고 마시는 공기가 맛있을까? 정직하지 못한 행동을 하고 들이마시는 공기가 맛있을까? 아닐 것이다. 그럴 때의 공기 맛은 끔찍하다.

그럼, 맛있는 공기를 먹는 방법은 무엇일까? 그건 그렇게 어렵지 않다. 원하기만 하면 누구든지 맛있는 공기를 언제 어디서나 마실 수 있다. 밥을 어떤 마음으로 먹느냐에 따라, 말을 어떤 방식으로 하느냐에 따라 공기의 맛은 달라지며, 지저분한 곳을 청소하면서도 맛있는 공기를 마실 수 있다.

자, 하던 동작을 멈춘 후 눈을 감고 숨을 쭉 들이마시자. 지금부터 맛있는 공기를 먹는다고 상상하라. 맛있는 공기를 양껏 들이마신다. 몇 번 하다보면 코와 입에서 달콤한 맛이 느껴진다. 얼마 뒤에는 가슴뿐 아니라 아랫배까지 쭉 내려가는 시원함도 느껴진다. 맛있는 공기를 들이마시면서 몸속에 있던 맛없는 공기는 저절로 빠져 나간다.

계속 맛있는 공기를 마시면 저절로 두뇌에서 좋은 호르몬이 나온다. 웃으면 엔돌핀이 나오는 것처럼 기분이 훨씬 좋아진다. 언제 어디서고 흥분을 가라앉히면 맛있는 공기를 마음대로 마실 수 있다. 마음가짐과 집중력만 있으면 된다.

12

두뇌의 피로를 푸는 다양한 이완법

집중해서 몸을 움직이면 두뇌와 몸이 결코 분리된 것이 아니라는 진실을 터득하게 된다. 거듭 강조하지만 두뇌와 몸이 떨어지면 나중에 병이 생기게 된다.

밥은 아무렇게나 먹으면 안 되고, 잠도 아무렇게나 자면 안 된다. 하지만 몸은 아무렇게나 움직이는 것이 좋다. 형식과 틀은 무시하고 춤을 추듯이 아무렇게나 움직여보라. 그러면 두뇌가 저절로 균형을 찾아간다. 그래서 형식이 없는 몸의 움직임은 살아 움직이는 밸런스요, 리듬이다. 그것이 바로 몸이 지닌 독특한 이치다.

평상시 몸을 이완해 두뇌의 피로를 풀어주자. 스트레스를 받은 두뇌는 열이 쌓여 힘들어한다. 공부하다가 기지개를 켤 때도 몸에 집중해서 시원하게 뻗어주자. 허리를 돌릴 때도 원을 크게 그리자.

이완하는 방법은 크게 두 가지다.

첫째는 몸을 움직이는 방식이다.

두 번째는 상상력을 동원하는 방식이다. 즉 이미지 상상력이다. 보통 이완이라고 하면 몸을 움직이는 것만 생각하는데, 상상만으로도 엄청나게 이완하는 힘이 있다.

자, 아무렇게나 몸을 움직인 후 다시 공부를 시작하자. 춤을 춰도 좋다.

몸 이완법(기본)

① 손발을 턴다.

심장에서 가장 먼 곳부터 몸을 풀어주는 원리다.

② 옆구리를 늘인다.

우리 몸은 어디를 늘일 때가 가장 시원할까? 그건 바로 옆구리다. 그래서 아무리 시간에 쫓겨도 옆구리만이라도 늘이면 다소 피로가 풀린다.

③ 허리를 돌린다.

허리는 인체의 상체와 하체를 연결하는 고리다. 그래서 허리를 집중해서 돌려주는 것은 아주 중요하다. 허리가 막히면 에너지와 혈액이 순환하는 데 장애가 된다. 허리를 오른쪽, 왼쪽으로 번갈아 돌린다.

④ 목을 돌린다.

목은 머리와 나머지 인체를 연결하는 고리다. 따라서 목운동은 두뇌로 올라가는 피의 순환을 원활하게 한다. 목이 뻣뻣하면 두뇌로 피가 놀라가는 것에 영향을 주어 집중력이 떨어진다.

몸 이완법(심화)

① 하체를 강화한다.

다리는 자립의 의미를 가진다. 자립은 스스로 일어나 이리저리 돌아다닐 수 있는 힘을 말한다. 다리에 힘이 없으면 움직이기 싫어진다. 다리의 힘은 생명 활동의 중심이다. 하체가 부실한 학생은 열이 자꾸 머리 쪽으로 올라가기 때문에 하체강화 동작은 필수다.

▶ 앉았다 일어나기 : 꾸준히 해주면 다리의 힘도 강화되고 뱃심도 생긴다. 하루에 100번씩 해주자.

▶ 다리 들었다 내리기 : 의자 끝부분에 앉아 두 다리를 들어 쭉 뻗었다가 내리기를 반복한다. 3~5초 정도 멈추었다 내린다. 이때 발목도 펴주어야 한다. 발목이 자극되면 두뇌까지 시원해진다.

▶ 항문조이기 : 항문조이기는 방광, 생식기 계통과 하체에 에너지를 모아주는 아주 좋은 운동이다. 어떤 자세에서도 항문을 조였다 풀었다 할 수 있다. 의자에 앉아 있을 때 허리를 바르게 펴고 항문 조이기를 열심히 하자.

② 손을 움직이자

손은 창조를 상징한다. 손을 밖으로 나온 두뇌라고도 하니 손을 부지런히 움직여 두뇌를 활성화하자.

▶ 주먹 쥐었다 펴기 : 매일 300~400번씩 해보자.

▶ 손목 돌리기 : 손목을 돌리면 신기하게 피로도 풀린다. 손, 팔, 목은 모두 하나로 연결되었기 때문이다.

▶ 손가락 굽혔다 펴기 : 손가락을 엄지부터 순서대로 굽혔다 펴기를 300~400번 해주자. 이 동작들은 걸어 다니면서도 할 수 있다. 손에 집중해서 열심히 움직이는 것만으로도 두뇌는 시원함을 느낄 수 있다.

③ 평소 안 쓰는 부위 움직이기

손끝에서 발끝까지 몸의 모든 부분은 두뇌와 연결되어 있다. 그런데 우리는 몸을 움직일 때 한정된 부분만 계속 움직인다. 그러면 안 쓰는 부분은 점점 굳게 된다. 몸의 어느 부분이 굳으면 그것을 주관하는 두뇌의 일부도 경직된다. 지금까지 안 쓰던 부분을 움직이면 두뇌 바깥쪽의 쭈글쭈글한 피질을 자극해서 집중력과 기억력을 강화할 수 있다.

인체학적으로 볼 때 발목을 자주 삐면 심장이 약한 것이다. 이 마른 발목을 강화하면 심장이 튼튼해진다는 의미이기도 하다.

13

시각·청각·후각·촉각으로 두뇌를 자극하라

컬러를 입혀라

초등학교 고학년을 지나 중학교에 올라가면 생각하는 능력을 주로 사용하기 때문에 상상하는 능력은 점점 축소된다. 아직 두뇌에서 밝혀지지 않은 비밀 중 대부분이 우뇌에 있다. 상상력과 전체보기를 주관하는 우뇌를 깨우지 않고서는 완전한 학습을 할 수 없다. 얼마나 상상이 잘 되는지 상상 훈련을 시작하자.

눈을 뜨고 색깔 상상을 해보자. 자연음악을 틀고 리듬과 박자에 맞추어 소리를 내며 천천히 색깔을 떠올려보자. 빨, 주, 노, 초, 피, 남, 보. 선명한 무지개가 보일 것이다.

우선 빨간색을 떠올려보자. 두뇌 속에 빨간색의 이미지가 떠올라야 한다. 빨간색 색종이도 좋고, 빨간색의 물체도 좋고, 색 그 자체를 상상해도 좋다. 무엇이 떠오르는가? 피가 상상이 된다면 느낌도 느껴보자. 짜릿하다.

주황색은 무엇이 떠오를까? 오렌지가 떠오른다. 먹고 싶다.

노란색은 꽃이 떠오른다. 향기가 느껴진다.

초록색은 풀이 떠오른다. 만지다가 손이 베일 뻔했다.

파란색은 하늘이 떠오른다. 날고 싶다.

남색은 옷이 떠오른다. 지금 입은 옷 색깔이다.

보라색은 무지개의 마지막 색이라는 게 떠오른다. 아름답다.

다시 강조하지만 색이나 그와 관련된 사물을 떠올릴 때는 구체적인 느낌도 상상해야 한다. 혹시라도 색깔 상상이 안 되는 학생이 있다면 이렇게 해보자. 색종이를 가져다 10초 정도 뚫어지게 바라보고 눈을 감아라. 그러면 색깔이 선명하게 떠오른다. 이렇게 하면 상상의 감각이 자연스럽게 깨어난다.

오만 가지 소리에 귀를 열어라

색깔 상상을 잘했다면 다음에는 귀를 쫑긋 세워서 소리 상상으로 넘어가자.

지구상에는 수많은 소리가 있다. 두뇌는 귀를 통해 들어온 소리로 상상한다. 라디오에서 좋아하는 가수의 노래가 나오면 그 가수의 이미지와 노래의 느낌이 떠오르는 것처럼 말이다. 하던 일을 멈추고 지금 내 주변에서 들려오는 소리에 귀를 열어 집중해보자. 무엇이 들리는가?

시계가 째깍째깍 하는 소리. 연필이 또르르 굴러가는 소리, 자연음악 소리, 텔레비전 소리, 컴퓨터 자판을 두드리는 소리, 어머니가 공부하라고 말하는 소리, 매미 소리 등 다양한 소리가 들린다. 집중해서 들으면 훨씬 분명하고 생생한 느낌도 든다.

이렇게 세상에는 매우 다양한 소리가 있다. 여러 소리를 상상하면서 이미지와 느낌을 떠올리는 연습을 하자. 이런 연습으로 두뇌 능력도 좋아진다.

변기에서 물 내리는 소리를 상상해볼까? 물소리가 들린다. 느낌을 물어본다면 '으악'이다. 똥이 흘러가는 모양이 보인다. 지독한 냄새도 난다.

그럼, 나뭇잎이 떨어지는 소리는 어떨까? 가을이 느껴지면서 비행기가 날아가는 소리가 들린다.

이번엔 겨울바람을 상상해보자. 바람의 이미지와 느낌은 어떨까? 춥다. 볼이 차갑고 귀가 시리다.

꼭 구체적인 느낌을 떠올려야 한다. 그래야 제대로 된 상상이다. 방에서 음악을 틀고 편안한 자세로 듣는다. 팝과 가요 대신 국악에서 가야금 소리, 대금 소리를 들어보자. 이 음악에 담긴 분위기와 정서를 상상하고 머릿속에 이미지를 그려본다. 이렇게 자주 하면 두뇌의 상상능력은 더욱 좋아진다.

세상의 맛있는 냄새를 들이마시자

코를 열고 하는 냄새 상상은 참 재미있다. 손도 대지 않고 이 세상의 맛있는 냄새는 모두 들이마시고 느낄 수 있다. 배가 고플 때

하면 더욱 실감난다. 배고플 때 통닭집 앞을 지나가면 어떤가? 상상만으로도 침이 나오고 배에서 꼬르륵 소리가 난다.

꽃 냄새는 어떨까? 스치는 여학생의 비누 냄새처럼 꽃향기가 코끝을 따라다닌다. 왠지 숨통이 트이고 사랑이 전달되는 것 같다.

시험지 냄새를 맡아보자. 다시는 안 맡았으면 좋겠다고 말하는 학생도 있다. 책 냄새는 어떤가? 책 냄새는 쾌쾌하지만 머릿속이 채워지는 느낌이 들 수도 있다.

이 밖에 담배 냄새, 매연, 똥 냄새도 있다. 똥 냄새는 지독하지만, 거름으로 쓰이는 정말 중요한 역할을 한다. 필자는 거름을 상상하면서 거름이 우리가 먹는 채소를 튼튼하게 하는 상상을 하면서 숨을 들이마셨다. 그랬더니 거름 냄새도 향긋하게 느껴졌다. 이처럼 생각이 바뀌면 상상이 바뀐다.

손을 열면 만물이 느껴진다

손을 여는 촉각 상상이란 뭘까? 상상의 손으로 만지는 행위다.

자, 수염이 막 돋은 아빠의 턱을 상상해보자. 처음에는 살짝, 나중에는 조금 거칠게 문지른다. 어떤가? 뾰족한 수염이 따갑게 느껴지는가? 사람에 따라 느낌은 얼마든지 다르다. 이번에는 밤송이의 촉감도 느껴보자. 밤송이가 너무 따가워 아예 손을 댈 수도 없거나, 손바닥을 콕콕 찌르는 느낌은 아닐까?

두부의 촉감은 어떨까? 좀 세게 쥐면 두부가 뭉개질 것 같아 조심스럽다. 지렁이의 촉감, 물의 촉감도 느껴보자. 지금 주변의 물건

들을 쳐다보고 상상의 손으로 만져보자.

만들었다 지우고, 지웠다 만들기

공부를 잘 하는 학생은 기억률이 좋다. 상상훈련을 잘하면 기억률도 좋아진다. 두뇌 속에서는 수없이 많은 상상이 만들어지고 지워진다. 그러나 대부분 구체적으로 상상해서 만들지는 않는다. 이제부터는 생각의 이미지를 정확히 그려보자.

기억률을 좋게 하는 구체적인 상상법을 훈련하자.

먼저, 두뇌에 이미지판을 만들자. 하얀 이미지판에 아무것도 입지 않은 내 모습이 보인다. 좀 창피하다고 느껴질 수 있다. 내가 입을 옷을 만든다. 일단 속옷을 만든다. 속옷의 색깔과 디자인을 구체적으로 상상해서 입어보자. 속옷이 마음에 들었으면 상체에 입을 옷을 선택하자. 이미지판에 계속 내가 입을 옷을 만들었다가 지웠다 하면서 상상을 펼치자.

웃옷을 선택해서 입었으면 이번엔 하체에 입을 옷을 고르자. 디자인과 색깔을 꼼꼼히 따지고, 다 골랐으면 양말과 신발, 모자도 써보자.

이미지판에 컬러풀한 내 모습이 보인다. 평소에 입고 싶었지만 입으면 엄마한테 혼날 것 같은 옷도 한번 입어보자. 이럴 때 아니며 언제 입겠는가?

이번에는 반대로, 입은 옷을 하나하나 벗으면서 아담과 이브가 되자. 이것을 여러 번 반복하자.

이 밖에 어떤 상상을 해보면 좋을까? 해변가의 풍경, 우리 동네 모습, 사람의 몸도 좋다. 머릿속에서 모습을 만들었다 지웠다를 반복하자.

14

인체는 최고의 두뇌 개발자

우리의 몸은 두뇌와 모든 부분이 연결된 '감각' 그 자체다. 또한 '몸'은 우주의 정보를 모은 장소라는 의미를 지닌다. 따라서 상상력과 집중력을 높이는 데 가장 좋은 방법은 몸을 통해 상상하고 집중하는 것이다.

인체 상상은 지금까지 익혔던 여러 가지 상상을 종합적으로 응용한 것이다. 우리의 몸이 상상의 훌륭한 친구가 되어준다. 이 상상훈련을 하면 집중력이 좋아져 자연히 공부에도 긍정적인 영향을 끼치게 된다.

마음의 발로 떠나는 여행

인체 상상의 첫 번째는 마음의 발로 떠나는 여행이다. 방 안에 편안히 누워 마음의 발을 상상하자. 머릿속에 발의 모습을 그려도 되고, 심장 뛰는 느낌을 발이라고 상상해도 상관없다. 각자 취향에 맞게 마음의 발을 그리자.

이제 시작한다. 마음의 발을 이마에 올려놓자. 마음의 발은 이마에 올려놓자마자 어느새 콩콩 뛰어서 코로 간다. 그러고는 콧등 위에 당당하게 서 있다. 코가 간지럽다. 마음의 발은 가만히 있지 않는다. 마음의 발이 이번엔 훌쩍 날아서 입으로 간다. 수영장의 다이빙대에서 뛰는 것처럼 잘도 뛴다.

이번엔 턱까지 걸어가서는 턱에서 미끄럼을 쭉 타고 목으로 내려간다. 마음의 발은 좁은 목을 벗어나 넓은 가슴으로 간다. 그러곤 가슴에서 한참 놀다 배꼽이라는 호수에 닿는다. 호수의 물이 맑은지 지저분한지 바라본 후 다시 길을 떠난다.

양쪽 허벅지로 신나게 내려갔다가 무릎이라는 아주 낮은 언덕을 오른다. 무릎에서 내려온 마음의 발이 저벅저벅 발목을 향해 내려간다. 그리고 발등이라는 언덕을 힘들게 기어오른다. 드디어 발가락 끝에 도착한 마음의 발은 발바닥을 타고 신나게 미끄러진다. '발바닥에서 다시 어깨로 날아간 마음의 발은 중심을 잡은 후 팔을 타고 손목으로 내려간다. 그리고 손바닥 가운데서 튀어 오른다. 마음의 발은 이렇게 내 몸 구석구석을 여행한다. 다음에는 어디로 여행가 볼까?

이렇게 여행한 다음에는 그 상상과 느낌을 글로 남기는 것이 좋다.

몸의 각 부분을 더욱 세심하게 느껴보자. 처음에는 앉아서 해보고, 익숙해진 다음에는 눕거나 서서도 해보자.

자, 이제 편안하게 앉은 상태에서 머리끝에 집중하자. '머리 끝, 머리 끝'을 마음속으로 중얼거리면서 계속 집중한다. 잠시 후 머리 끝이 묵직하게 눌리는 느낌이 든다. 노란 로켓이 얹혀 있는 느낌이랄까?

이번엔 이마에 집중하자. 이마로 맑은 물방울이 톡톡 떨어진다고 상상한다. 곧 이마가 맑고 시원해진다. 맑은 물방울이 머리 전체를 적신다. 머리 전체가 맑고 시원해진다.

눈으로 가보자. 눈으로 맑은 빛이 들어온다고 상상하자. 눈이 맑고 영롱해진다. 코에 집중하니 숨을 느끼기가 쉬워진다. 숨소리가 안팎으로 들어오고 나가는 것이 느껴진다. 숨소리의 세세한 움직임까지 알 수 있다.

입으로 내려가자. 입으로는 항상 긍정적이고 부드러운 말을 할 거라고 다짐한다. 입가에 살짝 미소를 띠어보자, 이번엔 얼굴 전체에 미소가 번진다. 얼(정신)이 드나드는 굴이 얼굴이다. 참 재미있는 표현이다.

이번엔 목에 집중하자. 입속에 있던 단 침을 꿀꺽 삼켜보자. 이것을 옥침이라고 한다. 간질간질 거리면서 목으로 옥침이 흘러간다. 맑은 침이 아랫배 깊숙이 흘러가는 느낌이 든다. 옥침이 아랫배로 내려가면서 몸속의 장기들을 깨끗하게 씻어주는 상상도 하자. 기분이 아주 좋아진다.

여행이 좀 길게 느껴지더라도 끈기를 가지고 계속 가보자.

어깨에 집중하자. 어깨에 들어가 있는 힘을 빼자. 그러면 어깨와 팔의 긴장이 풀리면서 어깨에 뭉쳐있던 더운 열기가 빠져나간다.

이번엔 가슴에 집중해보자. 가슴으로 태양의 맑은 빛이 쏟아져 들어오는 모습을 그리자. 부드럽고 따뜻한 빛, 아주 오랜만에 느끼는 포근함이다.

아랫배에 집중하자. 아랫배에 커다란 온천물이 보인다. 온천물에서 김이 모락모락 난다. 아랫배가 따뜻해진다.

허벅지로 가자. 아랫배에서 데워졌던 따뜻한 물이 허벅지로 흘러내려간다. 무릎에 집중하자. 무릎으로 맑고 따뜻한 물이 모이고 있다. 발목으로도 맑고 따뜻한 에너지를 보내준다. 발끝으로 몸에 고여 있던 나쁜 물이 순식간에 빠져나간다. 발끝이 찌릿찌릿하다.

이제 머리끝에서 발끝까지 몸과 마음이 편안해진다. 몸과 마음은 둘이 아니라 하나다. 잠들기 바로 전에 이렇게 하면 편안하게 잠을 청하고 두뇌를 맑게 할 수 있다.

바다와 하나 되기

몸이 바다 속에 잠겨 바다와 하나 되는 상상을 해보자. 물소리가 나는 자연음악을 틀면 상상에 도움이 된다.

바다 위에 누워 있는 모습을 그린다. 잔잔한 파도 위에서 몸이 둥실둥실 떠다닌다. 몸이 발끝부터 천천히 바다로 빨려 들어가고 있다.

발목부터 무릎까지 천천히 잠기고 있다. 다음에는 아랫배가 물속으로 들어가고 가슴이 물에 잠긴다. 몸이 점점 시원해진다.

입이 잠길 때까지만 해도 좋았는데 코가 잠긴다고 생각하니 숨쉬기 때문에 걱정된다. 하지만 코가 잠긴 후에도 숨이 절로 쉬어져 신기하다. 눈, 이마, 머리가 물에 잠기면서 몸이 완전히 바다와 하나가 된다. 넓은 태평양이 된다.

나는 이제 바다가 되어 가고 싶은 곳으로 흘러간다. 내가 가는 곳마다 더러운 바다가 깨끗해진다. 내가 가는 곳마다 병든 물고기가 건강해진다. 내가 가는 곳마다 지구가 깨어나고 건강해진다. 내 마음도 행복하다.

더디퍼런스